三重県環境部企画監
細田大造

# ゼロから始める政策立案

＊ 住民満足度100%の自治体づくり ＊

信山社政策法学ライブラリ
3
SHINZANSHA LAW & POLICY LIBRARY



信 山 社

# はじめに

あなたは、組織の中で、何ができますか。

あなたが今日した仕事に住民は満足していますか。

経済環境の厳しさについては今さら言うまでもなく、企業は否応なく生き残りの戦いを強いられています。

では自治体はどうでしょう。自治体に大切なのは、住民からの信頼です。住民から見放された自治体は存立しえません。

21世紀に生き残る自治体と残らない自治体。その線引きはどこにあるのでしょう。

私は、「情報交流能力」と「政策立案能力」の有無だと思います。

職員ひとりひとりが、鋭敏な感覚で、住民や企業といった「顧客」のニーズ・情報を入手し、自分で政策を立案する。足りないところは組織内外のネットワークを活かして補う。そしてプレゼンテーション。顧客を説得する。顧客が満足する。この一連の流れをスピーディーにこなす自治体こそが生き残ることができると思います。

21世紀は、「個の時代」です。「組織があって職員があるのではなく、職員があって組織がある」そういう時代です。

政策の企画立案も、組織単位で、所管を意識しながら実行する時代ではなく、個々の職員が得意分野をうまくコラボレートしながら実行する時代です。

所管を意識しながら、「能力のない職員」にいつまでも仕事を任せておくのではなく、「能力のある職員」だけがお互いをフォローしながら政策を実現していく時代です。

ＩＴ化が進むと、組織はフラット化します。トップの意思が末端までそのままいきわたり、末端のアイデアが直接トップに届きます。組織の中で、政策立案能力のない上司を、部下が支える時代は終わったのです。

また、「努力」だけで評価される時代も終わりました。自治体も、成果目標の達成度を勤務評定に反映させる時代。「結果」がすべてなのです。

何時まで残った、朝まで頑張った、というだけでは、「何でそんなに時間かかったの?」「給料出さないよ」といわれるシビアな時代です。

「いい人」は「無能」の代名詞。自治体も「年度」単位を意識して仕事をしていてはダメで、「時度」「分度」「秒度」という言葉でミッションに応えなければならない時代なのです。

私は、「能力のある職員」というのは、その人自身が英語ができたり、ITの技術に詳しかったりすることも大切ですが、中途半端にすべての能力を供えているよりも、むしろ「専門家」をたくさん知っているなどネットワークを持っていて、トータルの能力を駆使して、要は、きちんと「結果」を出す職員だと思います。

本書では、どこの自治体でもありそうな事例をとりあげた上で、こんな形で政策立案をしてみてはどうだろうか、という提案をするものです。

また、単なる精神論ではなく、より具体的な事例を引いて説得力をもたせるため、全国初の産業廃棄物税の創設やホームページアクセス数30倍といった私が実際に取り組んだ事例をはじめ、最先端を走り続ける三重県の行政システム改革の最新状況も掲載しました。

これもひとつの提案と参考にしていただければうれしいし、ご覧いただいた方からおおいにご意見をいただきたいと思っています。

最後に、本書の執筆の機会を与えていただいた神戸大学大学院法学研究科阿部泰隆教授、上智大学法学部北村喜宣教授に心から感謝します。

二〇〇二年　正月

三重県津市の自宅にて

細田 大造

# 第1章　ケーススタディをしてみよう

本書は、分権時代の政策立案方法をご提案しようとするものです。

政策立案をどうやるか。まず、これまでの政策立案の現場の姿をかなり極端な事例を想定して検証してみましょう。

みなさんは、今の自分の立場を思い浮かべながら2ページから7ページの丸数字のそれぞれの場面で、「自分だったらこうする」、といったようなことを考えてみてください。

研修で利用する場合には、ケースごとにグループ討論をしてみてもよいと思います。

私のアイデアは私のアイデアとして、みなさんの職場の実態に沿ったすばらしいアイデアが出てくることを期待します。

# 1　ケース1　ある日の企画課

登場人物：企画部長、企画課長、企画部の課長、企画課・鈴木主事、産業課・田中主事、
商工課・松本主事

① 企画課の鈴木主事は、ある日、企画課長に呼ばれた。なんだろう、と思って寄っていくと、「さっき企画部長から、今後三年間の本県の商工振興対策についてプランを立てるように指示があった。期限は三日後だ。何か考えて欲しい。」

② 「三日後か」、席に戻った鈴木主事は、自分の担当部局である産業部の主管課（産業課）の田中主事に電子メールを送った。文面にはこうあった。「先ほど企画部長からのご指示を受けて、企画課長から今後三年間の本県の商工振興対策についてプランを立てるようにとの指示がありましたので、よろしくご検討ください。」

③ メールを受けた田中主事は、このメールを見て、「ああ、商工振興対策というと、うちの部では商工課だ」と思い、すぐさまメールの転送設定をした上で、商工課の松本主事にメールを転送した。

④ メールを受けた松本主事は、手元にあった「これからの商工振興対策」というファイルを添付設定した上で、メールを田中主事に送った。

⑤ 田中主事は、「さすが、松本さんは仕事が早い」と思いながら、そのメールを企画課の鈴木主事に転送し

た。

⑥　メールを受け取った鈴木主事は、これをプリントアウトして企画課長に報告した。

⑦　企画課長は、「さすが鈴木君、なんて君は仕事が早いんだ。さっそく企画部長を囲んで会議をしよう。」と話し、書類に目を通さず企画部長室に向かった。

⑧　企画部長は喜んだ。「企画課長、さすがに仕事が早いな。ではさっそく企画部内の課長を集めてくれ。みんなで検討だ。」

⑨　企画部内には五つの課がある。すぐさま、すべての課長が企画部長を囲んだ。

⑩　企画部長が「じゃあ、さっそく今後三年間の本県の商工振興対策についてのプランを検討してみよう。説明は誰がしてくれるのかな。」企画課長はすぐさま、「担当の鈴木主事から説明させます。」と答えた。

⑪　鈴木主事は、田中主事からメールでもらった書類を上から順番に読み上げてひととおりの説明をした。

⑫　説明を聞いた企画部長は、「なるほど。ところで、この計画についてA市はどう思うかな。B社の社長も最近いろいろと言ってきたしな。」

⑬　企画課長は言った。「どうなんだ、その点鈴木君。」

⑭　鈴木主事は、「ちょっとその当たりはまた調べてみます。」と答えた。

⑮　企画部長は言った。「この他に何かいい案はないのか。」沈黙が流れた。

⑯　長い沈黙を経て企画部長は言った。「よし仕方ない。期限はあと二日ある。みんなでもう一度考えてみてくれ。」会議は散会した。

⑰　企画部長室から出た鈴木主事を呼び止め、企画課長が言った。「あと二日ある。今度はゆっくりと考えてみてくれたまえ。」

⑱　鈴木主事は答えた。「先ほど企画部長からご指摘のあった点も踏まえて再度検討してみます。」

⑲　席に戻った鈴木主事は、ため息をつきながら、田中主事に次のようなメールを送った。「先ほど企画部内の幹部会議が行われましたが、再度検討ということになりましたので、よろしくご検討ください。」

⑳　メールを開いた田中主事は、松本主事あてにメールを転送した。

## 2　ケース2　ある日の財政課

登場人物：財政課長、財政課予算担当・山田主事、産業課長、産業課・松田主事、商工課長、
　商工課・武田主事

財政課予算担当の山田主事は、今日が自分が担当する産業部の予算の課長査定だ。ばっちり勉強もした。緊張して財政課長の前に座った。

①　山田主事は、産業部の主管課である産業課の松田主事からきいた説明どおりに財政課長に説明した。

②　説明をきいた財政課長は言った。「他の県ではどうしている。」

③　山田主事は、松田主事からもらった資料をパラパラとめくって「他県比較表」を示した。

④　財政課長はこれを見て、「なるほど、どこも同じようなことをやっているんだな。ただ、どうもキラリと

光る物がないなあ。地方分権の時代だ。独自色が欲しい。他に案はないのか。」

⑤　山田主事は答えた。「産業部にも知恵がないものですよね。私も代替案を求めたのですが、財政課長査定という今日になっても資料が出てこないのです。催促してみます。」

⑥　財政課長はこれを聞いて、「全く仕方ないな。きちんと伝えておくんだぞ。資料ができない限り、今年は予算をつけてやらないと言っておけ。」と話した。

⑦　予算査定の部屋を出た山田主事は、すぐさま、電話で松田主事を財政課に呼び、「財政課長査定が終わりました。地方分権の時代だから独自色が欲しい。キラリと光る物がないので代替案を示して欲しいということです。」

⑧　産業課に戻った松田主事は、産業課長に言った。「財政課長査定が終わりました。財政課長としては、地方分権の時代だから独自色が欲しい。キラリと光る物がないので代替案を示して欲しいということです。」

⑨　産業課長は答えた。「商工課にいって、代替案を考えるように言っておけ。」

⑩　松田主事は、商工課の武田主事のところへ行きこういった。「財政課長査定が終わったけれども、地方分権の時代といわれる中で、独自色を出したい。キラリと光る物がないので代替案を考えて欲しいということだって。」

⑪　武田主事は答えた。「何であの案はダメだったの?」

⑫　松田主事は、「山田主事からは、キラリと光る物がないということだけだったな。」

⑬　武田主事は天を仰いだ。「全くよくわからないな。まあ、適当に資料を作って、また持っていくか。」

⑭　松田主事は答えた。「期限は明日までだよ。頑張ってね。」

⑮　そこに商工課長が現れた。「武田君。さっき、産業課長が来て、何か代替案を検討してくれと言って帰っていったぞ。さっさと考えるんだ。」

## 3　ケース3　ある日の市町村課

登場人物：A県市町村課・天野主事、B市総務課・岡田主事

①　国から、A県にある市町村の公務員の数を調べたいというメールが市町村課の天野主事に送られてきた。「回答様式」として添付ファイルが一〇もくっついていた。

②　市町村課の天野主事は、手元のリストを見た。B市はインターネットがつながっているけど、C村はまだだったな。天野主事は、一〇の添付ファイルを、まずはすべてプリントアウトし、C村に郵送した。B市には、メールにひとこと。「以下の件についてよろしくお願いします。」と書いて国から送られてきたメールを転送した。

③　数日後、C村から郵送で書類が届いたが、B市からの回答はまだ届かない。国への提出期限は明日までだ。

④　いらいらしてきた天野主事は、B市総務課の岡田主事にメールを送った。メールにはこう書いた。「先日お願いした照会の件はいかがでしょうか？」

⑤　数分後B市の岡田主事からメールで返事があった。メールにはこうあった。「天野主事様へ　大変申し訳ございません。先日ご照会の件は、私のミスで、誤ってメールに掲載されていた『国の担当官』のところへ直接メールで送ってしまいました。」

⑥　天野主事は、これを見て再度岡田主事にメールを送った。「岡田主事様へ　これからはきちんと、県を経由して送るようにしてください。他の市町村の分も一緒に送らないといけませんので。」

⑦　天野主事がメールの受信箱をよく見ると、もうひとつメールが入っていた。国からだ。開いてみるとこう書いてあった。「先ほど貴県のB市から直接私どもにメールが送られてきました。貴県におかれてはきちんと取りまとめた上でご報告ください。」

この三つのケースは、最も悪い例を「仮に」ということで掲載してみました。全国どこの自治体でもここまでひどい事例というのはないと思います。三つ目のケースは、これは良くないというよりもＩＴ化の過程においては仕方のない部分もありますが、これからの都道府県のあり方を考えるひとつのきっかけになればと思って掲載してみました。

では、ケース1とケース2を見て、みなさんは、それぞれ丸数字のどの段階が悪いと思いますか？　私は、すべての段階で、すべての人が良くないと思っています。

みなさんそれぞれの登場人物に、自分の立場を置き換えてみて、それぞれのケースを検証してみましょう。

## 4　ケース1の検討

どこの自治体にも企画部門があります。しかし、不思議なことに、「企画」とは名ばかりで、ここの部署にアイデアマンがたくさん配属されているとは限らず、縦割りの部局ごとの担当がいるのが一般的です。企画部門の職員の意識としては、自らアイデアを出すというよりも、自分が担当している部局の案を尊重して、自分としては、各部局の「窓口」をしているという意識が強くあるように思います。ですから、「企画部門」というよりも「調整部門」または「窓口部門」と呼ぶ方が正確なのかもしれません。

本書を通じての私のひとつの提言である「情報交流」というキーワードとも絡めて、私は企画部門というのは、自治体の組織外の人材活用や自治体内部の横断的な全力をあげての人材活用をもっと積極的に行う必要があると思います。

自治体というのは、そのエリアでは、間違いなく一番の人材や情報の宝庫だと思います。しかし、なかなかうまく企画が進まないとすれば、それは、幹部から担当レベルに至るまで「所管」という「縦割りの発想」が頭にあるからではないでしょうか。

「この仕事をどうやって進めるのか。」と考えた場合に、「それは誰々の担当です。」とか、ひどいところでは、「それは○○課の担当です。」として、その段階で、その仕事に対して目をつぶってしまっていないでしょうか。

自分は、目の前にある仕事をこなすことで給料をもらっているのであって、そんな他人の仕事のことなんて知るか、と思っていないでしょうか。

また、幹部の方であっても、「所管」を常に意識して、その部署の人が一番くわしいと思ったり、アイデアや情報、その案件に対する関心を一番持っていると思っていないでしょうか。

まだ、これならよい方で、私は、今の「縦割りの発想」というのは、それぞれの職員が自分が楽をしようとして他人に仕事を押しつけようとしているのではなく、実は単に「知らない」「不勉強」が生んだものではないかと思っています。

何か企画をしようとした場合、所管外であっても、かつて自分が経験したりして、自分が知っていれば自分でやるものを、「知らない」「不勉強」である場合には、「それは自分の問題ではない」、「所管外だ」、「知らなくて当然である」という言い逃れをしているのではないでしょうか。

これでは「企画」なんてできません。

今回のケースは、企画部長が知事から指示を受けたり、あるいは、議会の議員からの相談を受けて「企画」を行うがある場合とします。企画部長ともなれば、これまでの豊富な行政経験の中で、組織外にも人脈を築いているはずですから、組織内のアイデアを求めることとあわせて、自分の人脈をたどって、電子メールや電話などを活用して、大学や企業経営者の意見をまずは直接聞いて、自分なりの方向性・ビジョンを持つことが必要です。

また、組織内部の人脈はきちんとしたものを持っていると思いますので、関連すると思う部局の部局長や担当課長に依頼をして、短期間に結論を出すことができる人材をまずは自分で集める努力くらいはしてしかるべきだと思います。これが期限が一ヶ月なり余裕がある場合には、人材養成の観点から、しばらくいろいろと部下に勉強をさせてもいいと思いますが、期限が迫っているときは、部下に仕事を丸投げするのではなく、大きなビジョンと体制づくりは自ら行うか、信頼をおける部下に委ねることが必要だと思います。このケースの場合、企画課長は、「人形」でも置いておけばよいような存在です。最初に企画部長から依頼があった段階で、部長と自分との役回りをまずはふたりで相談して、組織外の人脈を頼った案づくりと組織内部の体制づくりをセットするところまではしなければならないと思います。

私は、「企画」という仕事は、最初のアイデアを出す人と、それを実現していく人のコラボレーションが大切で、こういった人材をかき集めて、叱咤激励しながら政策をまとめていくのが幹部の仕事であり、これをうまく組み合わすことが幹部の能力として期待されているのではないかと思います。

特に、企画部門は、組織外の人材ネットワーク、例えば、産業政策であれば○○大学の××先生、□□大学の△△先生といった形でリストを持ち、いつでもコンタクトをとって話を聞いたり、説明に行くことができるということが重要な機能だと思います。また、組織内にあっては、人事セクションとも連携をとって、○○部には、××さんという人がいて、あの人は日頃から産業政策に詳しいであるとか、全国的にも著名な□□大学の△△先生とも懇意だ、NPOの活動を通じて××さんとも知り合いだったな、といった情報を持っていなければならないのではないでしょうか。

まさに、「ナレッジマネジメント」。知識情報の共有化と、そのコントロールを企画部門がきちんと目的意識をもって行う必要があり、組織内外の「知識」「知恵」の管理とコントロールをしなければならないと思います。

その意味で、企画部門自体を縦割りの仕事の流れにしておいた場合、企画部門内部での企画を他部局にトップダウンで実行させるにはよい体制ですが、ボトムアップでアイデアを求めるような場合には全く機能しないと思います。

ここはトップマネジメントで、自分の政策立案に必要な人材をかき集めてくる、というのが大切です。また、日頃のつき合いも組織外にどんどん人脈を求めていき、自分が出ることができないのであれば、自分の意を含めた代理職員を立てて、組織外との情報交流に力を入れるべきではないでしょうか。

三重県では、二〇〇二年から、全国の優れた「環境経営」に取り組む「事業所」を対象にして「環境経営大賞」を創設します。この賞を通じて、審査委員となる国内トッププラスの学識経験者や応募をしていただく全国の事業所と三重県との人的・技術的ネットワークを築くことができると考えています。

今回のケースでいうと、企画部長は企画課長と相談をして、組織内で行うべき対応と組織外で行うべき対応を区別した上で、組織内での人集めを行い、自分が必要とするアイデアや知識を持つ職員の所属する部局長に依頼して、三日間、貸して欲しいなどといったどん欲さが欲しいものです。また、協力を依頼された部署はそれに応じるべきでしょう。私はいわゆる「一本釣り」で職員をかき集めてくる手法が良いと思いますが、電子メールを利用して、こうしたプロジェクトに参加したい職員を幅広く募ってもよいと思います。

また、こうしたプロジェクトに参加する人は、「所管」で選ぶだけではなく、自分の「所管外」のいろいろな価値観を吸収することができる人材を活用して欲しいと思います。

その意味で、短期間でことを成し遂げる能力をもった方であれば、最初は、素人《しろうと》であるぐらいの方がいいのかもしれません。

三重県庁でも、こうした「ナレッジマネジメント」を推進する観点から、一部の部署では、庁内ＬＡＮで全職員が自分のホームページを立ち上げて、自分の趣味や最近の関心事、これまでのプロフィールなどをオープンにしています。プライバシーの保護には十分に気を付けなければなりませんが、こうした形で職員の自己アピールを尊重したり、管理する立場としては、所管というものを度外視して、その職員の本来持っている能力を把握することができます。その職員の本質を知るためには、飲みに誘おうというのは昔の話。三重県では「オフサイトミーティング」として、勤務時間外に、「気楽にまじめな話をする場」を設けることを重視しており、こした機会にお互いが仕事や所管の枠にこだわらない本音の意見交換を行っています。もちろん「赤ちょうちん」とは全く違います。女性も参加しやすいよう、お昼休みの時間に「ランチミーティング」と称して最新の新聞での記事などを話題のネタとして活発に意見交換が行われています。

労使の間で、特定の課題について「交渉」の場を設けるだけではなく、常日頃からの意見交換の場として「労使協働委員会」が設けられているのも特徴的です。「ナレッジマネジメント」は、アメリカのように終身雇用を前提としない社会で生れたもので、ヘッドハンテングしてきた社員に対して、自社に所属する短期間のうちに能力をオープンにさせ、組織の「共有知」「共有財産」にしてしまおうというマネジメント手法ですから、こうした形で表面化した「ナレッジ」は、幹部がきちんと「マネジメント」しなければならず、単なる「ＩＴ化」や「情報の共有化」と勘違いしては何の意味もありません。

「幹部会議」は連絡会議としては意味がありますが、まず良いアイデアは出ないものです。部長としては、もし自分のまわりの職員が「太鼓持ち」のような人たちばかりであると「裸の王様」になってしまいますから、こうした場合には、組織外の人、特に、旧知の何でも言い合える仲のような人、住民向けの施策であれば、いっそ奥さんや旦那さんに相談すると、実は適切なアイデアが出てくるような気がします。

また、こうした会議の場でこれまで一番優秀とされてきたのは、議論がひととおり出たところで、それを体系的になぞって話す人で、最初にアイデアをいくつか出す人は、あまりほめたものではないという雰囲気から、誰も口火を切ろうとせず、お通夜のような雰囲気になりがちです。

アメリカの小学校の授業などを見ても、質問や意見をどんどんして自分の存在価値をアピールすることを大切にして、教師もそれにケチをつけたり、足を引っ張ったりしないで、次の人の発言に上手につなげています。

こうした会議を運営する部長や課長は、出席者の発言をどんどん促すため、最初は、ひとりひとりあてて発言を求めたり、対立する部署同士に議論をさせて、論点を明確にさせるなど、戦略的に会議を運営する必要があると思います。

「何かいいアイデアはないのか。」この発言をした幹部は、「私には力がありません」と言っているのと同じだと思います。

企画部門の中に、こうした職員を集めて、ふだんは暇にしているくらいの方がいいという発想もあるようです。これはこれでいいのですが、こうした職員は、ぜひ、普段から組織外のネットワークづくりに取り組んではどうでしょうか。

今日は北海道、今日は大阪、今日は東京。一定の戦略性を持った職員でなければ対応できませんからかなり大変なことだと思いますが、いざというときに必ず役に立つものと思います。災害対策を行うのと同じで、「いざ」

というときの「いざ」がなかなかないので、効果を検証するのが難しい仕事ですが、常日頃からこうした組織外との「情報交流」には力を入れていきたいものです。

## 5　ケース２の検討

どこの自治体でも財政課というのは予算査定の仕事を通して強い権限をもっています。しかし、私は財政課というのはこの厳しい財政状況の中、例えば、税務部局と連携して財源対策を真剣に議論したり、国の検討する財源議論を先取りする提案をするなど予算査定の「切った、張った」の議論ではなく、もっと、制度論についての議論に時間を割くべきではないかと思います。補助金をもらってくるのは原課の仕事、地方交付税の情報収集は東京事務所というだけでは政策立案とはいえないと思います。

今回のようなケースについては、何も財政課が政策立案をしようとする必要はなく、原課にすべて任せてしまえばよいのではないでしょうか。

原課との内部調整や議会の議員との調整などの膨大な内部事務に時間をそがれていては、自立した自治体として一番大切な財源議論で国の動きや他の自治体のスピードに完全に遅れをとると思います。どこの自治体でも、ケース２にあるような事務は極力省力化するようにしたいものです。

三重県では、総合計画の施策体系に基づいて予算編成を行っており、すべての「事業」（仕事）がこの計画のどこかに位置付けられています。各部局は予算要求の段階でそれぞれ要求する事業ごとに年間の成果目標を数値で示した「事務事業評価表」を添付し、これを政策評価の観点からチェックした上で、この目標達成に必要な予算が組まれており、達成度が翌年度の六月には公表されることになっています。ですから、無理な予算要求はありませんし、この施策体系に基づいている以上、各部局（主担当部局）に予算はボンと預けられて、その担当部局長が成果目標を達成すべく努力し、達成度が勤務評定に反映されるといった仕組みになっています。

横並びで自治体の仕事を見ること自体はいいのですが、それでもってやるかどうかを財政課が決めるのはおかしな話で、仕事をやるかどうかの責任は、各部局にきちんと負わせる仕組みにしないといけないと思います。

こうした「計画」「政策評価」「予算」「人事（組織）」の四者が一体となったシステムづくりが、これからの自治体には急務であると思います。

三重県では各部局から財政当局に提出された予算要求資料を、先ほど述べた「事務事業評価表」とあわせて、インターネットのホームページですべて公開しています。

従来の官が情報を独占し法律・制度で住民を「管理する」「してあげる」という思想から、県民・企業と協働で成果目標を掲げ、そして協働で作り上げていくという思想への転換が必要であると思います。この場合、県民や企業も甘えは禁物。要求型民主主義、観客民主主義、お任せ民主主義、すべてやめてもらわなければなりません。自治体も、政策形成段階からすべてオープンにする。「言ったでしょ。あなたも一緒に作ったじゃないですか。」住民も企業も真剣になります。これまでのように自治体が一人、笛を吹いても誰も踊らない地域づくりではなく、地域を構成する県民、企業、ＮＰＯなどのあらゆる主体が協働して地域づくりに取り組むことが重要となってきます。そこでの自治体は、サポーターでありアンパイヤーであり、けっしてプレイヤーではありません。地域づくりの主体はあくまで自らの地域は自らが創っていくという意識をもつ住民（企業、NPO、団体など）です。住民「を」満足させる行政というのは、主語が行政です。目指すべきは、主語・主人公はあくまで住民で、住民「が」満足できる行政。住民ひとりひとりが行政と一緒になって地域づくりを進めてよかったな、と実感できるとき、それが地方分権が本当に達成されたときではないでしょうか。

## 6　ケース３の検討

「地方分権」。県職員にとって願ってもないチャンスです。これまでのように国にお伺いをたてる必要がなくなります。自己決定、自己責任。多くの権限と最終責任を自分が負うことになります。自分で成果目標を立てる。プライドを持って取り組むことができます。住民の声を聴き、制度改革も自由にできる。さて、一体どれほどの職員がこれを実践しているでしょうか？「地方分権」。説明責任のベクトルも大転換します。これまで国に対して説明責任を果たせばよかったのですが、これからは県民への説明責任を果たすことが当然のこととなります。

ケース３のように、単に国からの照会ものを的確に処理することが有能とされた時代は終わりました。国の縦割り関係を意識して、他の分野の勉強をしなくてもよかった時代は終わり、自分の仕事以外の分野にも積極的に関心を持ち、ダイナミックな総合行政を実行しなければなりません。地元対応を市町村に任せ、国からの照会ものを途中で取りまとめるだけの中二階的な団体であれば、インターネットで情報集積が瞬時にできる今日、都道府県は不要と言われてしまいます。

今、県職員はまさに、就職したときの新鮮な気持ち、「自分たちのふるさとを少しでも良くしたい」、「先祖からお預かりした今の県土を子や孫たちに伝えていきたい」という新鮮な気持ちを持って、「県づくり」を「自己決定・自己責任」で真剣に考えるときが来ています。

では、県づくりをどう進めるか。県だけで何かやってやろうというのは正直無理です。まして、国に助けて欲しいなどと陳情・要望を繰り返すのは無意味です。市町村が何もやらない、と不満を口にしても始まりません。対等協力。市町村は県の出先機関ではありません。まずは、県内の企業、NPO、県民ひとりひとりの地道な活動に目を向け、こうした皆さんとの「協働・連携」を重視すべきです。そうは言っても、「行政不信」は極めて根強いものがあります。自分たちが思っている以上に根強いと思って良いです。企業や住民から信頼されるパートナーとして見ていただく、お願いしますという謙虚な気持ちを持ち、自分で率先実行、まずは、やってみる、というのが一番大切です。われわれはやりました、皆さん、ご一緒にやりませんか、と言えることこそが、二一世紀の「県」に与えられた大きな使命であると私は考えます。その場合、「結果」だけではなく「なぜ」「どうやって」そうなったのか、プロセスを透明に、すべてオープンにする。組織、システムも透明にする。それを全部見せ、企業や住民と、お互いが緊張感のあるパートナーシップを持つことで、はじめてどこへ出しても恥ずかしくないという県づくりを一緒に行うことができると思います。

国への要望も、「金をくれ」、という話ではなく、県でやってみたので全国的にやってみてはどうですか、あるいは、県で先行的に実施してみましたが、こういった問題があったので、国としても御協力いただけませんか、という政策提案型の要望を行わなければなりません。

私は、市町村課のような部署は、市町村合併といった枠組みの話から、個別の市町村の財源論や条例づくりなどに至るまで、県内の市町村が「やりたい」、またそこに住む人たちが「これをやりたい」というのをサポートするのが仕事だと思っています。

こうしたことを実現するためには、市町村との「情報交流」を常日頃から密にしていなければなりません。公務員制度の会議、財政会議と県の方が入れ替わり立ち替わり担当者が説明にいって、対応する市町村はいつも総務課長がデンと対応しているようでは県としてはとても恥ずかしいと思います。

市町村課の組織内部でも、行政・財政・税制・選挙・地域振興等々、常日頃からの「情報交流」を密にしておきたいものです。

市町村が満足するように、その市町村だけではできないような人的サポートや情報提供などをいつでも行うことを通して県は市町村と「対等・協力」の信頼関係を築くことができると思います。

これまで三つのケースを見てきました。

「政策立案」といった場合に、自治体によっては、原課で政策立案をしている場合、財政課の予算査定の中で財政課主導で政策立案をしている場合、企画部門で政策立案をして原課がその執行を担当している場合、市町村などからの要望を受けて政策立案をする場合、様々あると思いますので、そのうちのいくつかのケースをとりあげてみました。

私が本書で提案したいのは、政策立案といった場合に、これまでの縦のラインで動かしていた組織に横串を通して、組織の壁に捕らわれない自由闊達な横断的な議論を行うことができる組織づくりです。

三重県では、二〇〇二年四月から、世界的にも画期的な「政策推進システム」を導入します。これは、これまでの「上下・縦割り」を意識した「管理型の組織」から「経営・マネジメント」を意識した「経営（マネジメント）型の組織」へと抜本的に組み替えるもので、先ほども述べた「計画」「評価」「予算」「人事（組織・勤務評定）」の四者の連動を図ることを目的としたものです。

具体的には、まず、「課」を廃止し、目的を達成するための「チーム」を設置します。これにより、これまでの「部長」－「次長」－「課長」－「グループリーダー」という四階層の組織を、「部長」－「総括マネージャー」－「マネージャー」と三段階に減らし、マネージャーがチームを率い、総括マネージャーがいくつかのチームを束ねます。これにより「縦」の意思決定のスピードがアップするとともに、「目標達成」を重視した「チーム」が設置されることから、臨機応変にプロジェクトチームを組むことができるようになり、組織の壁にとらわれない政策立案を実現することができると考えます。

また、「総合計画」を具体的に実施していくための「実施計画」を、マネジメントを意識して作り直しました。この「総合計画」の中の「施策」（六七項目）を「県民とのコミュニケーションツール」と位置付け、「わかりやすさ」を追求して設定し、ひと項目ごとの数値目標の達成に向けて「総括マネージャー」がいくつかのチームを率いて仕事をします。この目標の達成状況が「評価」され、「人事（勤務評定）」に反映します。

同じように、「総合計画」の中で「施策」の下に設けた「基本事業」（二四五項目）を「マネージャーのマネージメントツール」と位置付け、事業成果の的確な把握を追求して設定し、ひと項目ごとの数値目標の達成に向けて「マネージャー」がチームを率いて仕事をします。この目標の達成状況が「評価」され、「人事（勤務評定）」に反映します。

「総合計画」の中では、この「基本事業」の下に「事務事業」が位置付けられ、チームの構成員であるそれぞれの「担当」が成果志向の観点から事業の改革に活用します。

こうした「総合計画」に基づく政策体系に基づいて、人（人事）やカネ（予算）といった行政経営資源が配分されます。具体的には、先ほど述べた「施策」「基本事業」「事務事業」との関連では、「施策」は、主担当総括マネージャーが全体を総括・評価したうえで、知事が財源を配分し、部局長が調整をします。「基本事業」は主担当マネージャーが全体を総括・評価し、部局長が財源を配分、総括マネージャーが調整します。「事務事業」は、担当者が執行・評価し、マネージャーが財源を配分、マネージャーが調整します。

このようなシステムでは、各部局からの要求に対して、財政担当部局が「査定」を行うという発想はなく、総合計画の政策体系に基づき、必要な財源をあらかじめ配分し、年度終了後に成果の確認と検証作業を行って、次年度の予算編成を行う成果志向・結果重視の予算編成が行われ、また、一般的な政策的経費については、「施策」を単位とする財源配分が行われることで、各部局長のマネジメント機能が強化されます。さらに、予算調整課の業務内容も変わり、先ほど述べたような、本来財政担当部局が行うべき「財源・財政制度議論」を行う時間を割くことができるようになります。

県庁内での総務部局からの分権化が一層進み、各部局が「自己決定・自己責任」で行政経営資源（人・カネ）を組み立て、執行することができるようになります。

政策推進システムの概念図

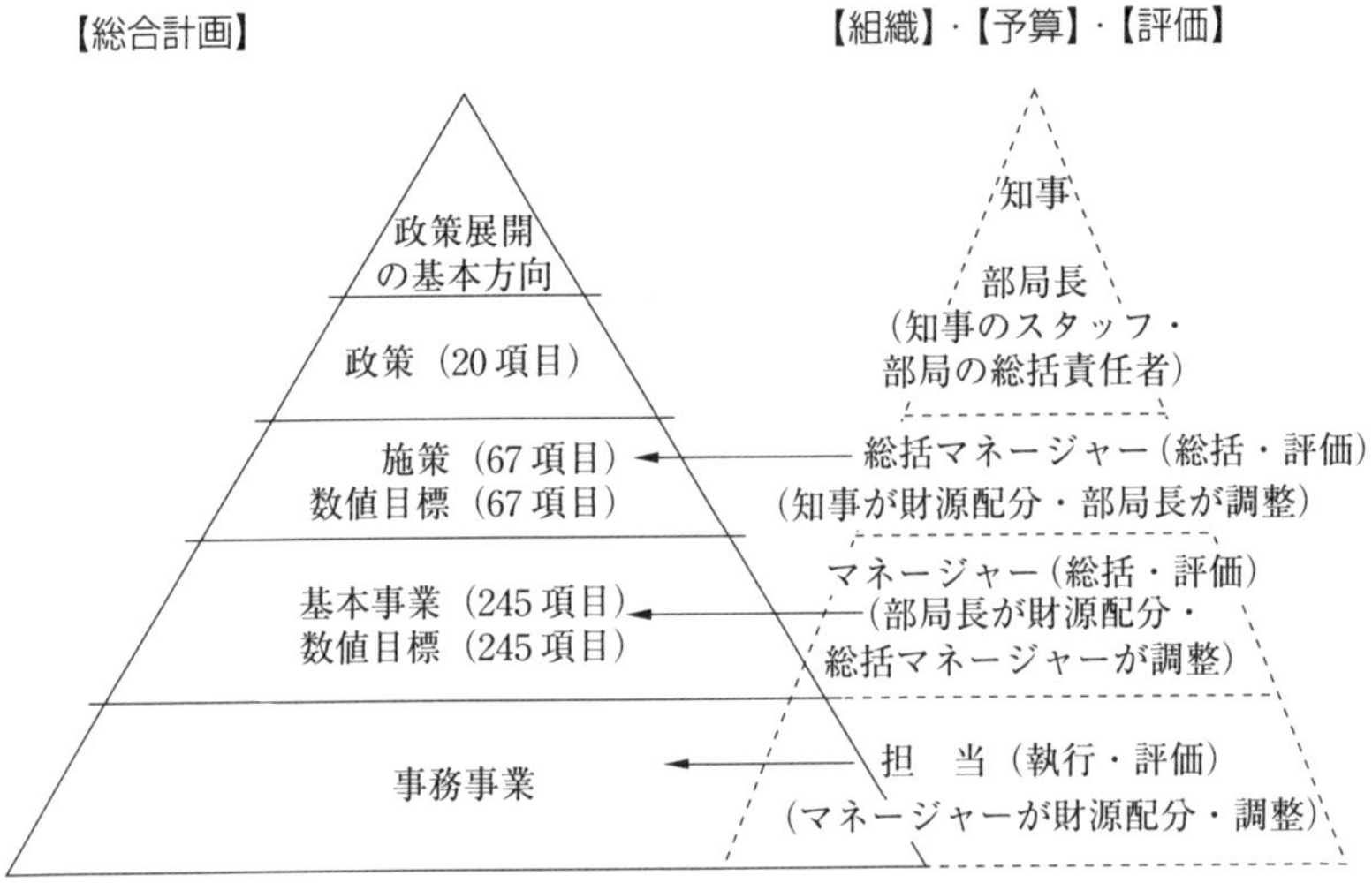


三重県では二〇〇二年四月から、このような形でPlan（「計画」）→Do（「予算」・「人事」）→See（「評価」）のサイクルを回していきたいと考えています。

ここまで急に進むことはなかなか難しいと思っていますので、本書では、以下で、最近私自身がたずさわった産業廃棄物税条例の創設の仕事とホームページを通じた情報交流の仕事について触れてみたいと思います。

この二つの事例は、あくまでひとつの参考です。

みなさんは、自分だったらこうするだろうな、ということを場面場面で批判的な目を持ってご覧下さい。

そしてよりよい手法を私に教えてください。

本書をきっかけにして、それぞれの自治体の問題意識やノウハウの「情報交流」を進めることができれば、私はとてもすばらしいことだと思います。

# 第2章　全国初　産業廃棄物税の創設

第2章では、第1章でお話した政策立案の手法について、そのうまくいった部分の紹介とうまくいかなかった部分への反省もこめて、私たちが三重県で産業廃棄物税という全国初の仕組みづくりを実現したときの事例を引きながら、具体的にお話を進めていきたいと思います。

## 1　なぜ、今、産業廃棄物税なの？

### (1)　全国初の産業廃棄物税

二〇〇一年六月二九日。三重県がかねてから検討してきた全国で初めての産業廃棄物税の条例案が県議会の本会議で、執行部が提出した原案のとおり、議員全員が賛成して可決成立しました。二〇〇〇年四月に地方分権一括法がスタートして、自治体でも、あらかじめ使い道を特定した税金（法定外目的税）をつくることができるようになって以来、都道府県レベルでは全国初の法定外目的税の誕生です。構想から二年。私が担当するようになって一年三ヶ月。少しばかりの達成感といっしょに、「税をいただくということは本当に大変なことだな」と痛切に感じた瞬間でした。

自治体が法定外目的税をつくるには国との協議をして同意を得ることが必要です。二〇〇一年九月二八日には、国（総務省）から産業廃棄物税の新設について同意の連絡があり、ここに晴れて正式に二〇〇二年四月一日から産業廃棄物税がスタートすることが決まりました。

三重県というと、北川正恭知事の圧倒的なバイタリティーでトップダウンで仕事を進めているイメージがありますが、この産業廃棄物税は、二二歳から二八歳の若手の職員が中心になって、下から政策を立案する「ボトムアップ」の方法で検討が始まり、その後、北川知事の強力なリーダーシップのもとに三重県庁職員の総力をあげて創設したものです。

今回の取組の意義は、自治体が、自主的に政策立案を行ったというだけでなく、自治体が組織内部の財政担当部門や国などへ補助金をもらうために説明責任を果たすといったこれまでのベクトルを大転換して、自治体が納税者へ直接政策提言を行い、その経費である税の負担をお願いして政策立案を行ったものとして、地方分権時代における政策立案のモデルケースになるものと考えています。

この税が創設された経緯をお話することで、みなさんが政策を立案する際、少しでもお役に立つことができればと思います。

## (2) なぜ三重県で産業廃棄物税ができたの？

まず、具体的な話に入る前に、三重県の環境政策の考え方について触れたいと思います。産業廃棄物税は、ただの誰かの「思いつき」ではなく、環境の仕事を進めていく中でどうしてもつくらなければならない緊急の必要性があって生れたものだからです。

二〇世紀が環境への配慮よりも産業活動を優先させる社会構造であったのに対して、今、私たちが生きる二一世紀は「環境の世紀」として、環境への負荷が少ない持続的な発展が可能な「循環型社会」を目指していく必要があります。

こうした時代にあって、「環境」と「経済」は対立的なものであり「環境に配慮していては経済は成り立たない」というこれまでの考え方を変え、「環境と経済を同軸に捉えた環境経営」という考え方に立って、環境に配慮した方が経済的にも有利になり儲かる。逆に、環境に配慮しない企業は存続し得ないということを明確に打ち出していく必要があると考えています。

二一世紀に、企業がつくりだした環境の中で私たちが豊かさを受け止めることができる社会であるためには、企業の活動が単に「規制基準を守っていればいい」という考えから、先ほどお話したような「環境経営」といった方向へ変わっていくためには、行政としてもこうした企業の取組を支援していく必要があります。

こうしたことを通じて、これまでの「大量生産・大量消費・大量廃棄型」の経済から、循環を基調とした「最適生産、最適消費、廃棄ゼロ型」の経済へのパラダイムシフトを図ることができると考えます。

このような時代認識の下、国においても世界的な潮流を踏まえて、これまでの大量生産から大量廃棄へ向かう「一方通行型の社会」から、ゴミとして燃やさず繰り返し使う「循環型社会」の構築へ向けて大きく転換するため、二〇〇〇年の通常国会（いわゆる「環境国会」）で、循環型社会形成推進基本法をはじめとして廃棄物処理法の一部改正法や各種リサイクル関連法などあわせて六本の法案が成立しました。

三重県では一九九五年に北川知事が就任して以来、住んでいる人はもちろん、訪れるすべての人から「環境にやさしい県だね」と言ってもらえるような「環境先進県づくり」を進めています。

このため、こうした国の動きを踏まえて、「環境先進県づくり」を進める三重県としても、県民、企業・行政が一緒になって協働・連携することが大切と考え、あらゆるみなさんが一緒になって環境保全活動を行う環境県民運動の促進をはじめ、企業との協働・連携を進めるネットワークづくり、県内の市町村との協働・連携する場を設けるなどの取組を行ってきました。

制度面でも、全国最先端の取組をふんだんに盛り込んだ「三重県生活環境の保全に関する条例」を制定するとともに、議会からの提案によって、全国初のグリーン購入・調達の条例である「三重県リサイクル製品利用推進条例」が制定され、それぞれ二〇〇一年一〇月一日から全面的に施行されています。

次に、環境政策の中で、産業廃棄物対策がどうなっているかお話します。

ゴミの処理について定めた廃棄物処理法では、家庭から出るゴミを「一般廃棄物」と定義し、企業が活動する中で出てくるゴミを「産業廃棄物」と定義しています。

三重県では、産業廃棄物が一年間に他の県から一〇五万トン持ち込まれており、三重県から他の県へは一年間に二一万トン持ち出されています（平成八年実績）。毎年大量の産業廃棄物が三重県内に持ち込まれていることがわかります。

このゴミと行政との関わりですが、先ほどお話した一般廃棄物と産業廃棄物では全然仕組みが違います。つまり、家庭から出る一般廃棄物は、みなさんがゴミを捨ててから清掃工場などで燃やして最終的に埋め立てられるまで、すべての処理責任を地元の市町村がを持ち、その費用については国から交付税という形で財源措置がなされています。これに対して企業から出る産業廃棄物は、ゴミを最初に出す企業（排出者）が、自分が最初にゴミを出してから最終的に埋め立てるまでのすべての責任を持っています（排出者責任の原則）。

では、県は何もしないかというと、県としては産業廃棄物を燃やしたり埋め立てたりする業者に対する許認可等の規制行政等を行う役割を担っていて、これに対して国から交付税という形で財源措置がなされています。

今までこうした形でゴミ行政、廃棄物行政を進めてきたのですが、企業が大量に生産し大量に廃棄してきたため、三重県内で埋め立てることができる場所（最終処分場）の残りが、あと約三年程度（二〇〇一年六月現在）となってしまいました。埋め立てる場所が少なくなったことを受けて、二〇〇一年三月を境とした半年の間に、企業は、三重県内の埋立最終処分場でゴミを埋め立てるために、これまでよりも一トン当たり三〇〇〇円から一二〇〇〇円も高い金額を支払わなければならなくなってきました。

私たちが、三重県内にある企業一〇〇〇カ所にアンケート調査を行った結果、「産業廃棄物の処理について最も困っていること」の第一位に「処理コストが高騰してきていること」があげられました。

埋め立てるための処理料金、処理コストが高くなってくると、一部の悪質な業者は、正しい処分場に産業廃棄物を持ち込まずに金を浮かせようと、不法投棄などの不適正な処理を行うようになり、こうした事件が多発すると、善良な企業の産廃処理に対しても県民が不信感や不安感を抱くようになってしまいます。

こうしたことから産業廃棄物の処理に対する県の役割については、これまでのように、企業にすべて任せておけばよいという排出者責任の枠組みを越えて、行政も関与して、県民から信頼感のあるごみ処理を実現することが緊急の課題となっています。

産業廃棄物行政の分野を財政面から見た場合、三重県では二〇〇〇年には、国からの交付税や企業からの手数料の収入が約一億二千万円程度であるのに対し、使う方としては、企業の監視や規制等を行うための人件費等が約四億一千万円程度かかっています。これは、三重県では、産廃行政に対して他の県がかけている標準的な経費の約三倍強にあたるお金を充てており、その分、教育や福祉などの他の分野にしわ寄せがいっていることを意味します。もう、これ以上他の分野の行政に影響を与えることはできません。

このため、「環境の二一世紀」を築くための企業の活動を積極的に支援し、三重県内の企業がゴミを出さなくしたり、積極的にリサイクルしたりするよう、これまでの取組を抜本的に転換していただき、世界の潮流や県民に支持されるような取組を三重県としても促進していく必要があります。

また、産業廃棄物の処理というものが適正に行われているんだと県民のみなさんに「信頼」していただき、企業が活動を続けていくための産業基盤である埋立最終処分場をきちんと確保することが必要です。

これまでの排出者責任の枠組みを越えた、こうした新しい取組を三重県という「行政」が進めていくためには、新しく税金をいただくことが必要です。

このため、今回、産業廃棄物を出す企業の皆さん（排出者）から産業廃棄物税をいただくこととし、この税金を活用して、企業活動がこれまで以上に、より活力あるものとなり、埋立処分場などをきちんと確保して、企業の皆さんが今後長期にわたり安心して活動を進めることができるようにしていきたい、というのがこの税金をつくった理由です。

この税金は、ゴミを出すことを悪いことだとして罰金を科すようなものではありません。しかし、この税金を企業が負担することは、いわばコストになることから、税金を設けることで、企業が産業廃棄物を出さなくしようとしたり、直接埋め立てずにリサイクルしようという気運を呼ぶことも期待できます。

なお、この税金をつくったからといって国からの交付税が減るわけではなく、新しい税金による税収をプラスした形で、これまでの枠組みを越えた積極的な廃棄物対策を行うことができるようになります。

### (3)　産業廃棄物税ってどんな税金なの？

ところで、今回三重県がつくった産業廃棄物税とは一体どんな税金なのでしょうか？　表1を見てください。

今回の税金は、三重県内にある産業廃棄物の中間処理場（埋め立てる前に燃やしたり溶かすといった中間的な処理を行うところ）か、または、埋立最終処分場へ最初に持ち込んだ排出事業者（県の内外は問わず、産業廃棄物を最初に出す企業。中間処理業であっても未だ課税されていないゴミがある場合には、その部分は課税の対象になります）にかかるもので、排出事業者に直接申告納付をしていただくものです。ですから、三重県内の企業がお隣愛知県にある中間処理場や最終処分場へ持ち込んだ場合には税金はかかりません。逆に、愛知県の企業が三重県内にある

〔表１〕　三重県産業廃棄物税条例の概要

| 項　　目 | 概　　　　要 |
|---|---|
| 1　**課税の根拠**<br>（第１条） | 地方税法の規定に基づき、産業廃棄物の発生抑制、再生、減量その他適正な処理に係る施策に要する費用に充てるため、法定外目的税として、産業廃棄物税を課する。 |
| 2　**納税義務者**<br>（第４条） | 産業廃棄物を排出する事業者（県内・県外を問わず） |
| 3　**課税対象**<br>（第４条） | 産業廃棄物の中間処理施設又は最終処分場への搬入<br>中間処理施設：中間処理業者が設置する県内の産業廃棄物処理施設<br>最終処分場：産業廃棄物を埋立処分するための県内の産業廃棄物処理施設 |
| 4　**課税標準**<br>（第７条、第８条） | ①最終処分場への搬入の場合：当該産業廃棄物の重量<br>②中間処理施設への搬入の場合：当該産業廃棄物の重量に一定の処理係数（産業廃棄物の処理施設ごとの減量化を考慮した係数）を乗じて得た重量<br>③再生施設への搬入の場合：課税免除 |
| 5　**税率**<br>（第９条） | １トンにつき1,000円 |
| 6　**免税点**<br>（第10条） | ４月１日から翌年３月31日までの間（「課税期間」）における課税標準量が1,000トンに満たない場合には産業廃棄物税を課さない。 |
| 7　**徴収方法**<br>（第11条、第12条） | 申告納付（課税期間終了から７月末まで） |
| 8　**使途**<br>（第19条） | 産業廃棄物税額から賦課徴収に要する費用を控除して得た額を産業廃棄物の発生抑制、再生、減量その他適正な処理に係る施策に要する費用に充てる。<br>・環境の21世紀に通じる産業活動への支援<br>・産業廃棄物による新たな環境負荷への対策 |
| 9　**施行期日**<br>（附則第１項） | 総務大臣の同意を得た日から起算して１年を越えない範囲内において規則で定める日から施行する（平成14年４月１日施行予定）。 |
| 10　**検討**<br>（附則第３項） | この条例の施行後５年を目途として、この条例の施行状況、社会経済情勢の推移等を勘案し、必要があると認めるときはこの条例の規定について検討を加え、その結果に基づいて必要な措置を講ずる。 |

中間処理場や最終処分場に持ち込んだ場合には税金がかかります。いただく税金は一トン当たり一〇〇〇円です。一年間の排出量が一〇〇〇トンに満たない企業は非課税です。排出事業者が自分で中間処理施設を持っている場合には、その中間処理後の重量に対して課税されます。中間処理を他の業者に委託する場合には、いろいろな処理形態があることから、産業廃棄物の種類に応じて一定の係数（処理係数）をかけてから課税します。

また、税の仕組みの中にリサイクルを促すため、県が認めるリサイクル施設へ持ち込まれた産業廃棄物の重量については税金をかけないことにしています。

現時点での試算では、一年間に四億一千万円程度の税収を見込んでいます（この点は後ほど再度触れます）。

この税金の使い道としては、企業が産業廃棄物の量を減らす努力をする施設の整備費用に対して補助をしたり、三重県の研究機関で産業廃棄物をリサイクルする技術開発をするための費用に充てたり、埋立最終処分場を今後きちんと確保するため、最終処分場周辺の緑化や植栽をするための費用や、産業廃棄物の処理がきちんと行われるよう監視活動を強化する費用などに充てます（表2）。

この税金は、企業が一年間排出した実績に対してかけるため、最初の税収は、制度がスタートしてから約二年後になります。しかし産業廃棄物対策は緊急の課題ですから、県が設けた財政調整基金から税収相当額をあらかじめ借り入れ、二〇〇二年四月一日の施行を前に二〇〇一年七月からすでに事業は実施しています（表3）。

今回の税収の使い道のうち、特に監視体制の強化については、二〇〇一年七月一日付けで従来の五班一〇名体制から一〇班二〇名体制に倍増させ、うち半数は現職の警察官（身分としては県職員です）で実施しています。この二〇名体制というのは、千葉県の二四人に次いで全国二位ですが、警察官をこれだけ入れての体制は、間違い

〔表２〕 産業廃棄物税の使途について

| 1　環境の21世紀に通じる産業活動への支援 | 232,814千円 |
|---|---|

○産業廃棄物抑制等事業費補助金　156,076千円

県内の産業廃棄物排出事業者等が、自ら排出する産業廃棄物の発生抑制・再生・減量化の研究、技術開発、産業廃棄物を使った製品開発を行う経費の一部を助成

また、県内の産業廃棄物排出事業者等のうち、中小企業者等を対象として、自ら排出する産業廃棄物の発生抑制・再生・減量化に係る設備機器を設置する経費の一部を助成

○産業廃棄物抑制等設備機器整備資金利子補給補助金　10,000千円

県内の産業廃棄物排出事業者等が、自ら排出する産業廃棄物の発生抑制・再生・減量化に係る設備機器を設置する場合の借入資金の利子を助成

○企業環境ネットワーク支援事業費　50,581千円

業種の枠を越えた企業間の産業廃棄物にかかる情報交換を行うためのネットワークシステムの構築と、企業が連携することにより再資源化を進めるシステムの構築に対する支援を行う経費

○産業廃棄物リサイクル技術研究開発費　16,157千円

法律で再資源化を義務づけられている特定建設資材廃棄物のコンクリート廃材及び木質建設廃材のリサイクルを図るための研究開発を行う経費

| 2　産業廃棄物による新たな環境負荷への対策 | 169,143千円 |
|---|---|

○廃棄物処理センター適正処理支援等事業費　80,000千円

最終処分場の整備が周辺地域に与える負のイメージを払拭し、処分場周辺地域を環境面でも十分配慮された地域とするため、木を植えるなどの緑化事業や公園などの憩いの場を提供する事業などを行う経費

○産業廃棄物監視強化対策事業費（人件費含む）　89,143千円

産業廃棄物の処理に対する県民の不信感や不安感を払拭し、企業が生産活動を行ううえで必要不可欠な産業基盤である最終処分場の整備や最終処分事業等への信頼の確保を図るため、監視体制を５年程度時限的に充実強化し不適正処理を徹底的に未然防止するための経費

| 3　賦課徴収に係る経費 | 9,043千円 |
|---|---|

○徴税費（人件費含む）　9,043千円

産業廃棄物税の適切な賦課徴収を図る経費

| 合　　　計 | 411,000千円 |
|---|---|

〔表３〕　産業廃棄物税に係る予算

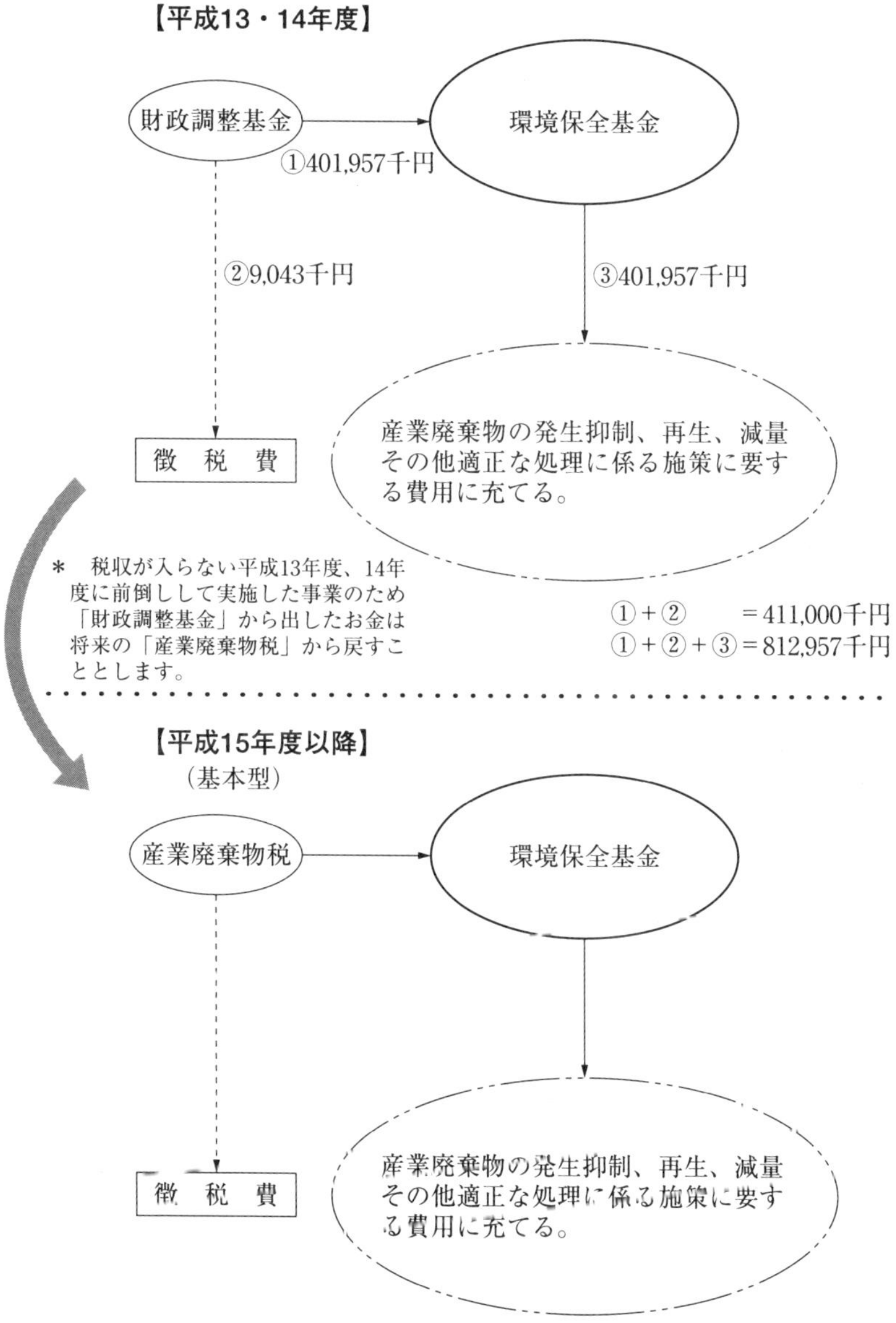

なく全国トップであると言えます。

今回の体制の強化による監視活動の重点としては、産業廃棄物処分場が集中する地域を常時監視する地区とするほか、夜間や休日も監視体制をつくるとともに、滋賀や岐阜・奈良・京都など近隣県と三重県との県境での産業廃棄物の運搬車両のチェック機能を強化したり、産業廃棄物を収集・運搬する業者への立ち入り調査を強化することにあります。

こうすることで、三重県で行われる産業廃棄物の不適正な処理に断固とした姿勢で立ち向かい、徹底してこうした行為を未然に防止しようとするものです。

## (4)　よくある質問

今回私たちが創設した産業廃棄物税については、これまで県民や企業のみなさんに説明したり、他の自治体から問い合わせをいただく中で、かなりの質問をいただいてきました。こうした中で、いくつかの「よくある質問」をピックアップしてお答えしたいと思います。

**Q①**　こんなに不景気で企業の経営が苦しい中で、どうして、今、産業廃棄物税を導入する必要があるんですか？

埋立最終処分場をきちんと確保することなど、産業廃棄物対策は、景気の良し悪しに関わらず緊急に行う必要があります。長引く不景気など経済情勢などを踏まえて、税条例の施行（スタート）は二〇〇二年四月一日から（納税時期は二〇〇三年七月から）にすることにしました。

Q② 産業廃棄物税を導入するにあたって、産業界はどのように受け止めていますか？

産業界のみなさんとは、二〇〇一年二月以降、本格的に三重県産業廃棄物対策推進協議会をはじめ、商工団体や鋳物（いもの）、萬古焼など各種の組合、さらには、産業廃棄物処理業者など関係のみなさんと、県が行う環境政策、産業廃棄物行政の仕組みと実態、産業廃棄物税創設の意義等についての総論的な議論を行うとともに、税率、免税点、施行時期等税制度の内容や税収の使い道など、税の制度をつくるうえでの全般について議論を深めました。

その結果、企業の考え方、行政の考え方について双方とも理解が深まり、以前に指摘のあった「議論を尽くしていないのではないか」という点についてはご理解をいただきました。

免税点については、中小企業対策の観点から一〇〇〇トンあるいはそれ以上にすべきであるという意見と、税は公平に課するべきであるという観点から免税点を設定しないか五〇〇トンよりも低くするべきであるとの意見がありました。

また、税収の使い道として不適正処理等の監視を強化する対策に充てることについては、一部の団体から産業廃棄物税を財源とするべきではないのではないかとの意見がありました。

しかしながら、県の産業廃棄物対策やその一環としての産業廃棄物税についての考え方なり、県の立場についてはご理解をいただいたものと考えています。

Q③ 排出事業者から申告により納付する手法を選択したのはなぜですか？

産業廃棄物行政においては、排出者責任の原則のもと、排出事業者は、排出から処分終了に至るまでのすべての過程において責任を負うとされています。

産業廃棄物税については、環境政策のひとつとして検討を進めてきたところであり、こうした産業廃棄物行政の原則との整合性を図りつつ、さらに産業界等関係のみなさんからいただいたご意見を踏まえ、受益と負担の関係から、排出事業者の方に直接ご負担をいただくことが適当と考えました。

**Q④**　企業の自主的な努力によって産業廃棄物の排出量が減少しつつある段階で、あえて産業廃棄物税を設ける必要があるのでしょうか？

産業廃棄物の排出量は、企業の産業廃棄物の排出抑制・減量化等の努力だけではなく、景気状況による影響が大きいことから、将来的に排出量が大きく減少するとは現段階では判断できません。

三重県では、年間一〇〇〇トン以上排出する事業者のみなさんに、自主的に産業廃棄物適正管理計画を定めていただいており、対象事業者の九四％のみなさんがすでに作成していますが、計画に基づく発生抑制等が計画どおり進んだとしても、最終処分場の残りの容量が約三年程度（二〇〇一年六月現在）とひっ迫している状況には大きく変わりがないため、企業のみなさんには、さらに産業廃棄物の発生抑制や最終処分量の減少等に積極的に取り組んでいただく必要があります。

したがって、今後、こうした点を考慮しつつ、毎年度の予算策定の中で、的確に税収見込みを把握し、税収を活用した施策の内容について検討を加えていきたいと考えています（基本的に、今回の税による施策については、税収が落ちれば見直しをすることになりますが、税収が落ちてきたことだけを理由にして直ちに中止するわけではなく、その時の最終処分場の残りの容量やこうした施策の成果を踏まえて、一般財源によりさらに施策を継続して実施するかどうかについてその段階で判断していくことになります）。

なお、産業廃棄物の排出量の減少は、産業廃棄物税の目的のひとつであり、税収が減少することは廃棄物対策の観点からはむしろ望ましい姿であると考えています（二〇〇二年二月段階での税収見込みは「税導入」というアナウンスメント効果などもあって当初の約四億円を下回り、約三億円程度になると想定しています）。

Q⑤　環境に負荷を与えているのは産業廃棄物だけではなく、二酸化炭素、一般廃棄物問題など他にもあるのに、なぜ産業廃棄物のみ課税するのでしょうか？

環境対策は、ひとつの方法や仕組みだけでできるものではなく、国際間、国の政策地方による各種の政策があいまって行われるものです。

産業廃棄物対策は、三重県では、県民の不安感や最終処分場をめぐる様々な問題もあり、三重県の喫緊の課題ですから、今回産業廃棄物税をつくって従来の枠組みを越えた積極的な取組を行おうとするものです。

Q⑥　今回の産業廃棄物税の創設によって不法投棄が増えるのではないでしょうか？

不法投棄等については、産業廃棄物の処理に対して県民が抱く不信感・不安感の大きな原因であり、これを払拭するため、不法投棄の監視指導の大幅な強化を行います。

もっとも、不法投棄を行っている者の多くは、零細な排出事業者であるため、今回の税の納税義務者が多量排出事業者であることから、今回の税の創設により直ちに不法投棄が増加するとは考えられません。

Q⑦　今回の産業廃棄物税の創設によって県内の産業廃棄物が県外へ流出したり、逆に税さえ払えば持ち込んでもよいと考えた業者が今まで以上に他の県から産業廃棄物を持ち込むことにならないでしょうか？

産業廃棄物の処理の一連の過程の中で、これまでの運送費と埋立処分料金にプラスして産業廃棄物税（一トンあたり一〇〇〇円）が加わることになります。

産業廃棄物の流通ルートの変更は、この課税額と運送費や処分費のコスト比較の問題になりますが、三重県外の最終処分場の立地の状況から見ると、県境を越え三重県内の産業廃棄物が大幅に近隣の県へ流出する可能性は小さいと考えています。

また、県外からの流入についても、これまでの搬入先を変えて三重県内の施設に新たに搬入する企業のコストが現在よりも大きくなることから、県内への流入が促進されることは考えにくいです（処分場はどこもいっぱいで、新契約の場合、一般的に処理料金が飛躍的に高くなる傾向があります）。

なお、今回の産業廃棄物税を創設した目的は、産業廃棄物の発生抑制・リサイクル・減量化の促進や埋立最終処分場をきちんと確保することにあり、他の県からの産業廃棄物の流入を抑制することを直接の目的としたものではありません。

**Q⑧　今回の産業廃棄物税の創設は、県内に立地する企業の活性化を阻害し、さらに、課税のない他府県での立地を考えるケースも出てくるのではないでしょうか？**

最終処分場の残りの容量がわずかになり、産業廃棄物の処理コストが急速に高騰している中、企業が現在の生産活動を続けていく上で、産業廃棄物の抑制・減量化は、廃棄物コストの低減に向けた極めて重要な課題です。最終処分場をきちんと確保していくことが今後の企業の生産活動を支える最も重要な産業基盤であるといえます。

このため、三重県内の産業振興に向けて、県内に立地する企業に廃棄物の一層の抑制・減量化に取り組んでいただくとともに、県内に最終処分場をきちんと確保することが必要であり、その財源として今回産業廃棄物税を創設することにしたものです。

この税の創設によって、単位当たりの廃棄物コストが増大すれば、多量に産業廃棄物を排出する事業者にとっては、短期的には企業活動に影響を与えることは否めないところです。

しかしながら、この税の財源を活用して廃棄物の総量の抑制・減量化が図られ、また、最終処分場がきちんと確保されれば、中長期的には廃棄物コストが抑制されることとなります。

さらに、廃棄物の抑制・減量化と適正処理への取組についての市場での評価を考慮すれば、必ずしも企業活動を阻害するばかりではなく、企業にとってもプラスの面も持つものと考えられます。

なお、一定の搬入重量で裾切りする免税点制度を導入することとしており、地場産業の多くは免税点以下になると考えています。

Q⑨　三重県外の産業廃棄物排出事業者にもなぜ三重県の条例で課税できるのでしょうか？

産業廃棄物税は、三重県内の中間処理施設または最終処分場への産業廃棄物の搬入という、三重県内での行為に対する課税であることから三重県条例が及ぶと考えています。

また、排出事業者は、処理施設などへの搬入を収集運搬業者に委託して行わせることがありますが、この場合にも、実質的な搬入行為の効果の帰属する排出事業者を納税義務者とすることが適当です（排出事業者から収集運搬業者に対して産業廃棄物を引き渡す行為は、通常の契約の中で、中間処理施設または最終処分場への搬入の業務を委託しているに過ぎず、所有権の移転を伴うものではありません。廃棄物処理法第一二条第三項に基づき、排出事業者は、産業廃棄物の運搬又は処分を他人に委託する場合には、運搬だけではなく、処分について別途委託契約を結ばなければならないことになっていることからも、受け取った産業廃棄物について全面的に支配する権利（所有権）を有しているとはいえず、収集運搬業者を納税義務者とすることは適当ではないと考えます）。

課税権が及ぶとした場合、申告義務や帳簿記載義務についても三重県条例の効力が他県の事業者に及ぶかどうかについては、これらの義務は課税権から派生するものであり、申告義務や帳簿記載義務も論理的には同じであることから、県外の排出事業者にも及ぶと考えられます。

**Q⑩　県外の排出事業者に対して県内の排出事業者に比べて高い税率を課してはどうなのですか？**

県内と県外の納税義務者の間で税率に格差を設けることは、課税の公平性等の観点から適当ではないと考えています。

**Q⑪　県外の産業廃棄物排出事業者にも税を課すのに、その使途を県外の排出事業者に使わないのは不公平なのではないでしょうか？**

今回の税収の使い道としては、企業の産業廃棄物の排出抑制・減量化の取組への支援とあわせて、産業廃棄物の最終処分場をきちんと確保していくための経費にも充てることとしており、最終処分場の確保は、県外の排出事業者にも受益があるものと考えており、特に不公平ということではないと考えています。

**Q⑫　三重県だけではなく、広域的な取組が必要なのではないでしょうか？**

これまでも東海三県一市の知事会や近畿ブロックの知事会、福井・滋賀・岐阜・三重四県連携会議などの場で、検討状況について説明し、導入に向けての働きかけを行ってきました。

今後とも近隣県と積極的に情報を交換し、連携を密にしていきたいと考えています。

**Q⑬　税率を一トンあたり一〇〇〇円とした理由は何でしょうか？**

税率については、従来の枠を越えた新たな産業廃棄物政策に要する財政需要を基にして、さらに企業活動への影響をも考慮して、県民懇談会などで示させていただいた素案（一〇〇〇円〜一五〇〇円／トン）のうちもっとも低い税率案を採用し、一トンあたり一〇〇〇円としました。

**Q⑭　免税点（裾切り）はどのような考えで設けたのですか？**

免税点とは、課税標準が一定の数量に満たないものまで税負担を求めることは、税収入に比較して徴税費が割高となることなどの理由により一定額を免除する制度です。

今回の産業廃棄物税についても、このような観点のもと、年間一〇〇〇トンの搬入重量で裾切りとする免税点制度を導入することとしています。

現在、廃棄物処理法に基づき、産業廃棄物の発生量が一〇〇〇トン以上の多量排出事業者については、産業廃棄物の処理に関する計画・実績を県へ報告することが義務づけられていることから、税の捕捉が容易かつ的確に行うことができます。

この場合、納税をいただく企業としては、県内五〇社、県外四〇社の計九〇社程度を予想しています（仮に裾切りを五〇〇トンにした場合には、県内一〇〇社、県外七〇社の一七〇社程度が対象と予想されます）。

裾切りを一〇〇〇トンと設定した場合、これを下回る企業には産業廃棄物の発生抑制や減量化の取組が期待できないのではないか、との指摘がありますが、現在、最終処分場の残りの容量がわずかになる中で、産業廃棄物の処理コストは急速に高騰しており、裾切りの設定基準がどこであろうと、廃棄物の処理コストの減少を図ることが企業が生産活動を続けていく上で、緊急の課題となっていることから、免税点以下の企業についても発生抑制・減量化の取組は着実に進むものと考えています。

### (5)　どうやって検討したの?

それでは、今回の産業廃棄物税がどういった経緯を経て創設されたか、まずは概略を簡単にお話することにしましょう。

最初の発端は、県議会で、「地方分権一括法が策定されるという議論の中で、地方が独自に、これまでの普通税に加えて、目的税を設けることができるようになるようだが、三重県としては創設の検討をしないのか?」といった質問があったことに始まります。これをきっかけに一九九九年五月に、地域機関である県税事務所に所属する二二歳から二八歳までの職員が勉強会をつくって検討を始めました。

検討の途中では、三重県出身で千葉大学助教授の倉阪秀史助教授(環境経済学)にもご指導をいただき、また、産業廃棄物税が既に導入されているデンマークやフランスなど先進国へも出向いてベンチマーキングを行って議論を深めました。

この勉強会には、産業廃棄物行政を担当する環境部の職員も入って、一緒になって検討しました。その成果は二〇〇〇年三月に「産業廃棄物埋立税試案」として公表されました。

この検討試案には、条例案から規則案、必要となる事務手続きの申請書類の案まで含まれているほか、税の使い道の案や、産業廃棄物税を導入した場合の企業や地域への影響の分析など多角的な検討結果が盛り込まれています。

税務担当職員が取り組むきっかけとは別に、環境行政の面から見た場合、これまでの規制的な手法による行政だけでは、事後的・対処療法的対応に止まっていたところもあり、こうした税という経済的手法により、未然防止的な対応を行うことについては従来から大変興味があり、まさに環境行政そのものの問題として真剣に取り組むきっかけがありました。

この、通称「若手試案」と呼ばれる検討案をベースにして、二〇〇〇年四月から、執行部において本格的に検討しようということで、税務担当と廃棄物対策担当が更に検討を加え、七月には、徴収方法の違いをベースにした四つの案を併記した資料（表4）を県議会に提出するとともに、県民や企業のみなさんを対象にした「県民懇談会」を県内四カ所で順次開催しました。

あわせて、この四案への意見と今後の検討への具体的なご示唆をいただくため、県内の企業への説明会を開催し、お声をかけていただいた団体などへも積極的に説明にお伺いしました。

二〇〇〇年四月から、私たちが今回の税の創設を本格的に検討するにあたって、北川知事からの指示が二つありました。ひとつは、政策形成段階からオープンな議論を展開すること。そして、もうひとつは税制面、環境面、産業政策の面から制度的・政策的にしっかりとしたものを構築することです。

このうち、「制度的にもしっかりとしたものにする」というミッションに応えるため、東京事務所の会議スペー

## 〔表４〕 産業廃棄物に係る税の検討（試案）

| 項目 | 趣旨・目的 | 考え方 | 仕組み | 課税対象 | 納税義務者 | 納税方法 | 特別徴収義務者 | 非課税及び減免措置 | 税収規模<br>課税標準・税率 | 主な論点 |
|---|---|---|---|---|---|---|---|---|---|---|
| A案 | 資源循環型社会の構築を目指し、環境先進県づくりを推進するため、産業廃棄物に係る税を創設し、その財源をもって産業廃棄物の発生抑制、リサイクルの推進及び適正処理にかかる環境対策に関する経費に充てる。この制度の効果として産業廃棄物の発生抑制、リサイクル等への誘因となることが期待できる。 | 排出事業者が納税義務者として直接納税行為を行う。 | 排出事業者　納税義務者<br>↓ 課（処理係数を設定）<br>中間処理業者<br>↓<br>埋立処分業者（排出事業者から直接 課）<br>課 は課税時期 | 県内で処分される全ての産業廃棄物 | 排出事業者<br>県内外約四〇〇〇社 | 申告納付 | なし | リサイクル施設への搬入<br>一定の搬入量で裾切り | 約六億円～一二億円<br>一、〇〇〇円～二、〇〇〇円／搬入重量（t）<br>（財政需要との関係で今後検討） | ・税制度の直接の効果として発生抑制、リサイクル等への誘因となることが期待できる。<br>・県外の排出事業者に県条例で義務を課すことができないという意見もある。 |
| A'案 | | 排出事業者が納税義務者であるが、特別徴収義務者を介して納税行為を行う。 | 排出事業者　納税義務者<br>↓ 課（処理係数を設定）<br>中間処理業者　特別徴収義務者<br>↓<br>埋立処分業者　特別徴収義務者（排出事業者から直接 課）<br>課 は課税時期 | 県内で処分される全ての産業廃棄物 | 排出事業者<br>県内外数万社 | 特別徴収 | 中間処理業者及び埋立処分業者<br>県内約二〇〇社 | リサイクル施設への搬入 | 約八億円～一六億円<br>一、〇〇〇円～二、〇〇〇円／搬入重量（t）<br>（財政需要との関係で今後検討） | ・税制度の直接の効果として発生抑制、リサイクル等への誘因となることが期待できる。<br>・小規模な事業者も含めて全ての排出事業者が納税義務者となる。 |
| B案 | | 排出事業者が納税義務者として特別徴収義務者を介して納税行為を行うが、中間処理業者も納税義務者となる。 | 排出事業者　納税義務者<br>↓<br>中間処理業者　納税義務者<br>↓ 課<br>埋立処分業者　特別徴収義務者（排出事業者から直接 課）<br>課 は課税時期 | 県内で埋立される産業廃棄物 | 排出事業者（中間処理業者を含む）<br>県内外約二、五〇〇社 | 特別徴収 | 埋立処分業者<br>県内約二〇社 | なし | 約六億円～一二億円<br>一、〇〇〇円～二、〇〇〇円／埋立重量（t）<br>（財政需要との関係で今後検討） | ・税制の仕組みが比較的簡素である。<br>・中間処理業者へ搬入する排出事業者の排出責任は間接的に問うこととなる。 |
| C案 | | 埋立処分業者が納税義務者として直接納税行為を行う。 | 排出事業者<br>↓<br>中間処理業者<br>↓<br>埋立処分業者　課　納税義務者<br>課 は課税時期 | 県内で埋立される産業廃棄物 | 埋立処分業者<br>県内約二〇社 | 申告納付 | なし | なし | 約六億円～一二億円<br>一、〇〇〇円～二、〇〇〇円／埋立重量（t）<br>（財政需要との関係で今後検討） | ・税制の仕組みが簡素である。<br>・排出事業者の排出責任は間接的に問うこととなる。 |

県民の意識を踏まえ県内外の格差（税額、徴収方法等）を設けることについては、課税の公平性の観点等から慎重な議論が必要である。

スを活用して、「三重県の地方税財政のあり方を考える研究会（座長：神野直彦東大教授）」でも地方税財政、環境経済、税法など各方面の国内の一線級の学者のみなさんに大変熱心なご議論をいただきました。

現在各都道府県で検討されている産業廃棄物税についても、この段階でお示しさせていただいた四つの案（表4）が軸になっているものと思われます。

私たちは、三重県の実状などを踏まえて、更に検討を加えた結果、三重県の場合、税の徴収の観点から見ればB案なりC案が効率的ですが、環境政策の点から見れば、産業廃棄物行政の基本に立ち、排出者に直接のご負担をいただくことが適当ではないか、B案・C案の場合には、特別徴収義務者に料金の徴収に加え、課税事務を行っていただくことが大変な負担になるのではないか、理論的には排出事業者が税を負担することになるが、価格転嫁が働くとは限らないのではないか、などといった産業廃棄物を取り扱う現場での意見も十分に検討した結果、A案を軸に検討を進めることになりました。

これにあわせて、税の使い道についても更に検討が進められ、税務担当・廃棄物担当・商工部門担当の各課長をメンバーに、これを総合行政の観点から総合企画局がまとめる形で検討会が設けられ、企業からの聞き取りなどもベースに税収の使い道を含めた制度の骨格をまとめました。

こうした結果、二〇〇一年三月の議会に提出することも考えていましたが、議会から、企業との十分な話し合いがなされていないのではないかとの指摘があり、三月から五月にかけて、大手から中小の排出事業者に至るまで、まさに膝詰めで意見交換を行いました。

その結果、従来、執行部の検討案の中では、税収の使い道として考えられていた「不適正処理の撤去に産業廃棄物税を充てること」については、「適正な処理を行っている企業から徴収した税を不適正な処理を行った企業のために使うのは不適当である」などといった指摘もあり、これについては今回の産業廃棄物税を充てることはしないことにしました。

こうした使い道の議論だけではなく、税率・免税点などもあわせて、制度の骨格に関わる全般的な意見交換を行い最終的な判断が行われました。

このような過程を経て、晴れて二〇〇一年六月議会に条例案を提出しました。この議会の中でも様々な指摘をいただき、最終的には、「必要があれば、三年から五年で条例の内容を見直す」旨の附帯決議が付された上で原案通り議員全員の賛成で可決成立しました。

制度創設に向けて、総務省の同意を得るため、七月三日からさっそく総務省との協議を始めました。この中では、地方税法に基づいて三つの点、つまり、他の税と課税対象が重ならないか・納税者の負担が過重にならないか、国の経済施策に照らし適当か、物の流通の障害にならないか、といった点を中心に検討が加えられ、二〇〇一年九月には同意をいただき、二〇〇二年四月一日からスタートすることが決まりました。

現在、三重県では、税を導入するというアナウンスメント効果もあって、産業廃棄物の量は減少してきています。私たちとしては、誤解を恐れずにあえていうならば、この税の性格でもあるのですが、今後産業廃棄物の量が減少することで、税収が限りなくゼロに近づくことをも期待しています。

## 2　いろんな立場で見てみよう

本書の目的のひとつに、自治体職員のみなさんが実際の政策立案をする際のご参考にしていただくことがありますので、次に、今回の産業廃棄物税の創設を、たずさわった職員の立場ごとに振り返ってみることにします。

### (1)　若手のプロジェクトを進める課長の立場から

今回の産業廃棄物税の創設を県庁内で実際に検討していくきっかけは、一九九九年五月二八日の県税若手グループ研究会の創設にはじまります。私の印象として、こうした「プロジェクトチーム」は、全国に多々ありますが、一〇〇〇あれば三つもうまくいっていればいいくらいで、ほとんどは失敗しているような気がします。

ＮＨＫで「プロジェクトＸ」という人気番組がありますが、これを見た幹部が調子づいて「プロジェクトチーム」を乱立している自治体もあると聞き、驚きました。

たしかに、「プロジェクトチーム」を、一種の「ブーム」であるとか、単なる「お勉強」と割り切る考えもありますが、自治体の職員は税金をいただいて仕事をしている以上、一定の成果をあげなければならないと思います。

幹部職員としては、何か議論させておけば、あわよくばいいものが出てくるのでは、というのんきな思いでいたり、「何かいいアイデアはないのか」といういいかげんな気持ちではなく、「プロジェクトチーム」をつくる以上はその進捗管理や結果を導くためのフォローアップなど、明確な戦略性をもち、ときには自らアドバイスをするなど、必死に汗をかいて職員の真剣な検討を促す必要があると思います。

今回、産業廃棄物の創設に携わった若手研究グループをつくるにあたって、当時の吉村裕之税務課長は、次のとおり述べています（二〇〇〇年一月七日「税務経理」から抜粋）。

「私は、九九年四月に税務課に着任しましたが、これまでの税行政の改革は、現行システムの抜本的な見直しよりも、現行システムの下での事務の効率化に重点が置かれていました。この原因としては、地方税に依拠した県の税行政にあると考えられます。すなわち、国が地方税制の制度設計をし、県は執行する部門を受け持つという分業システムです。

この現行システムの下では、制度運用をいかに効率よく実施できるかが重要でした。一方、県税職員も税法や通達をよく知っている経験者が優秀な職員でした。このため、県税の職場では、新しいことに挑戦することよりも、これまでのことを踏襲することに県税職員が価値を置く風潮がありました。

また、県税は、県民のサービスに対する支払い責任（Responsibility）、あるいは憲法第三〇条に規定されている納税の義務（Liability）、すなわち、県民の主権者としての支払い責任であるというよりも、県民の義務（Duty）であるという認識が県税職員にはありました。さらに、県予算の歳出額と税収額との間に大きな差があるため、県税職員には、受益と負担の対応関係における負担にかかわる重要な仕事の担い手意識があまりありませんでした。

このことから、地方分権型の行政運営に向けた税行政のシステム改革を進めていくためには、まず、このような県税職員の意識を改革し、人材育成に取り組むことが最も重要かつ急務と考えました。

このため、九九年七月に成立した地方分権一括法で制度化された法定外目的税を活用して改革を進めることとしました。九九年度に若手県税職員の研究会を設立し、『産業廃棄物埋立税（仮称）』という法定外目的税の創設について検討を始めました。研究会の改革に対する意義は、①経験の少ない職員も対等に議論できる、②目的税であることから、受益と負担の対応関係が明確化する、③課税内容を検討することで環境政策議論に参加できる、④課税について県民との間で広報広聴が行われ、県民との対応能力の向上が図られる、⑤税制の制度設計能力の向上とノウハウの蓄積が図られる、こと等があります。

地方分権一括法により法制度が変わりましたが、現実の県税職員の意識や税行政システムが自動的に変わるという保証はありません。法制度を現実のものにしていくためには、具体的に法を活用し実現していくことが重要となります。『産業廃棄物埋立税（仮称）』を単なる研究に終わらせず、実現させていくことが県税職員の意識改革や人材育成に寄与し、さらには、抜本的な税行政システム改革の起爆剤になっていくものと確信しています。」

こうしたプロジェクト創設時の吉村課長の思いを現段階で振り返って見たとき、私は、次のようなところがポイントであると考えます。

①　決断のスピード

九九年四月に税務課長に着任し、五月には若手県税グループの研究会を立ち上げている決断の早さは、一般的に、自治体では、四月は「事務引継の月」「勉強の月」といった感覚、仕事を「年度単位」で捉えるスローな感覚を抜け出たものです。

② 情報収集のアンテナの高さ

九九年七月に地方分権一括法が国会で成立（施行は二〇〇〇年四月一日）する以前に五月には法定外目的税を意識した研究会を立ち上げていることから見て、国で決まってから、さてどうするか、という従来の自治体の発想を抜け出たものです。

③ 実現に向けた情熱

単なる研究に終わらせない、という強い決意をプロジェクトを進める課長自らが持ち、若手の研究会をフォローするために、執行部の職員が税務担当部局と環境担当部局からそれぞれ入って議論に深みを与えています。

④ 自由闊達な意見交換

県税というと、いわゆる「ベテランさん」が幅を利かした職場の典型で、若手はこうしたベテランさんの下で、既存の税制度を一から「修行する」というのが慣例でしたが、むしろ、「知らないくらいがちょうどいい」という大胆な発想を持って、積極的に若手に議論をする機会を与えています。

⑤ 単なる税金づくりに止まらない戦略性

単に、税金をつくればいいというのではなく、吉村課長自身、広報課長を経験したこともあり、こうしたプロジェクトを通じて、広聴広報等、県民との対応能力の向上等の意識改革や人材育成を図ることを意識し、プロジェクトに参画した職員の将来性を十分に念頭に置いています。

## (2) 若手プロジェクトに参加する職員の立場から

三重県庁では、若手からベテランまで、さまざまなプロジェクトが立ち上がっています。女性職員を含めたプロジェクトの場合には、小さなお子さんがいたり、家庭の事情もあることから、昼休みを利用して、みんなで弁当をとって「ランチミーティング」という形で実施しているところも見られます。

今回紹介している産業廃棄物税のプロジェクトチームの場合には、制度を創設するんだという確固たる目的意識をもったものですが、職員の自主勉強会の中には、さまざまなものがあります。

例えば、政策法務の自主研究会では、自分たちで条例づくりをしようと研究を行い、大学教授を講師に招いて実施しているグループもあれば、新聞の切り抜きを話題にしながら、お昼休みや勤務時間外に、気軽にまじめな話をする「オフサイトミーティング」も盛んで、先般ＮＨＫスペシャル「職場を変えよう」という番組で全国放送されて脚光を浴びているものもあります。

こうしたプロジェクトに参加する職員にはいろいろなタイプがいます。大きく、「上司に言われたから仕方なく参加する、やる気のないタイプ」（Ａタイプ）と「一攫千金、山をあてて、ここらで自分の名前を売ってのし上がろうとする、やる気満々のタイプ」（Ｂタイプ）に分かれ、それぞれに能力がある（ａタイプ）か、ない（ｂタイプ）かで四タイプに場合分けができます。

この四タイプのうち、グループを作った場合に一番最後まで結果を出すことが期待できるのはＢａタイプで、一番困るのがＢｂタイプといわれています。

三重県庁でつくられているプロジェクトを見ますと、この四タイプがうまいこと融合しているのかな、という印象を受けます。紹介する産業廃棄物税の若手グループも、専門家ばかりではありませんし、最初から、何かをつくってやろうとやる気満々で始めたという感じでもなく、吉村課長の「思い」は感じつつも、参加した職員としては、「気軽な勉強会」という雰囲気だったようです。

実際、今回の若手県税プロジェクトに参加した税務政策課の堀順子主事に話をきいたところ、「みんないつも税金の仕事をしている人たちだったのですが、いつもの仕事とはちょっと違うため、とまどいもありました。でも、年が近かったので話しやすく、元気にやってました。やってみてよかったのは、度胸がついたことかな。普段ではできないいろんなことをしました。女の子二人だけで外国を三つも行きました。そのなかで一番心に残ったのはデンマーク！　デンマークでは、環境や税金のことをとてもよく考えていました。消費税が二五％で日本の五倍もするのですが、その分学校へ行くときや年をとってからの暮らしはちゃんとしてもらえるから、みんな納得して税金を払い、安心して暮らしているそうです。それから、どこの会社でどんなごみがどれだけ出るか、どこへどれだけ捨てたかがだいたい分かるそうです。だから、ごみ捨て場ではないところにごみが捨てられることはほとんどないそうです。すごいなあって思いました。ただ、廃棄物のことで分からないことがたくさんあって、困りました。そこは、廃棄物の仕事をしている人に助けてもらいました。」と語っています。

この研究会では、千葉大学の倉阪秀史助教授（環境経済学）にアドバイスをいただき、必要な調査はコンサルタント会社に委託して議論の裏付けを行っており、すべてがすべて、参加した職員の頭の中にあったデータを組み合わせたものではありません。

みなさんが、こうした勉強会・プロジェクトを始める場合にも、自分がすべてを知っている必要はありません。自分が分からなければ、調べたり、他の人を頼ればよいのであって、何より「やる気」のある職員がまわりを引っ張っていくか、やる気のある「上司」が牽引していくことが大切なのだと思います。

また、中心になる人は、やるからには、単なる研究にとどめないようにしてください。研究だけして、どうぞ後は別の方、やってくださいという意識ではまわりの方に迷惑をかけないでください。やるからには、最後まで自分でやるんだという確固たる信念で取り組むべきです。

ここで、私は、こうしたプロジェクトを進めていこうとするみなさんに声を大にして言いたいことがあります。

それは、「税務担当部局の職員が税に詳しかったり、環境担当部局の職員が環境に詳しいわけではない」ということです。詳しいことは詳しいのです。が、今既にある仕組みの解釈について詳しいのであって、これをどう変えていけばいいのか、変えることが出来るかどうかについて詳しいわけではなく、制度改正にあたっては一番の「抵抗勢力」になることすらありうるということです。

先に、吉村課長が「現行システムの下では、制度運用をいかに効率よく実施できるかが重要でした。一方、県税職員も税法や通達をよく知っている経験者が優秀な職員でした。このため、県税の職場では、新しいことに挑戦することよりも、これまでのことを踏襲することに県税職員が価値を置く風潮がありました。」と述べているとおり（これは環境部局についても全く同様のことが言えます）、これから新しい政策立案をしていくときに一番大切なのは、「担当」「所管」にこだわらず、どんなことでも勉強してやろう、挑戦しよう、というどん欲な情熱であると考えます。

具体的に言えば、もし、あなたが税務担当の職員であれば、最初は環境のことを全く知らないとしても、最終的には自分で環境部門の知識をすべて吸収し、自分なりにひとつのまとまった政策をすべて作り上げなければなりません。もちろん、環境担当の職員であってもしかりです。お互いが全般的な知識を有しながら意見交換をしないと物事が全く前に進みません。税務は税務のことだけ、環境は環境のことだけを立場立場で話をしていると、それぞれ、これまでの固定観念の中だけで狭い議論を行ってしまうことになるからです。

お互いに「所管」を抱えたまま、お互いのことを「お勉強」して終わるか、新しい仕組みづくりを行うことができるかの分岐点は、ここにあると言えます。

この点、神戸大学の阿部泰隆教授が、著書『やわらか頭の法政策』の中で、行政法学を学び、役所で勤務する方について、とても興味深いことを言っています。

「今までは、法制部門とは、何か気難しい理屈をこねて、何を言ってもやっぱりできないと、人の足を引っ張る消極的なポストだと思われてきたのではないかと思います。役所の公務員試験は、法学部出身者が有利になるような科目構成になっているのですが、役所に入ってからはあまり法律を使っていないのではないか。現場に行くと、法律を使っているのは、土木や建築出身の方の方が多い。私としては、せっかく私の行政法学を学んだら、土木とか建築とか保健所とかでも活躍していただきたいと思っているのに、法学部出身の人は、せいぜい法規掛で、どこかの行政実例を見つけてきては人の足を引っ張るような理論をこねることや、『てにをは』を直すようなことや、『規定を規程に改める』とか『行う』と『行なう』を入れ替えることをやっていたり、庶務で旅費を計算したりとして――バス代いくらまで計算して――遠回りになっても安い方がいいとか言っていたりするんですよね。法学部を出たのだから、そんなつまらないことはやめて、社会のあらゆる法律問題を自ら率先して把握して、社会をより良い方向に持っていかなければいけない。そういう仕事をして欲しいと思っています。つまり、解釈のほかに、これからの社会はどうしたらいいかと模索し、新しい社会を作る法制度の設計者になってほしいと思っています。」「今までの法律家というのは、新しい法制度を作ることの邪魔をするんです。石頭ばかりだという悪口を言いたいのです。法律家というのは、まず法律を解釈するのが仕事なので、今ある法律を何とか解釈すれば何とかなると考える。立法はこれをご破算にすることですが、存在するものは善という思考が身に付いているので、立法論まで頭が回らないのです。官僚は改革が嫌い。今までの制度は三〇点でも何とかもっている。ところが、新しい制度が八〇点でも、二〇点足りないじゃないかとみんなで足を引っ張る。あと、忙しいから、新しい議論はしていられないと難癖を付ける。そういう弊がずっと残っているんですね。本当に動脈硬化現象というか生活習慣病です。」

法律家に限った話ではなく、「知っている」という人が、実は、単に足を引っ張っているケースが極めて多くみられます。

また、自治体の場合、「○○のことなら誰々に聞け」、という「大御所」のような方がいて、その方が右といえば右、左といえば左であって、二〇年も三〇年も前の価値観がそのまま二一世紀を迎えても生きていることがありますが、これでは新しい仕組みづくりはできないと思います。

○○畑のドンのような方がこれをご覧になられていれば、ぜひとも、常に新鮮な目を養うようにしていただきたいし、若い芽を摘まないようにする、それが一番大切ではないでしょうか。

もっとも、閉塞感漂う時代にあって、最近の若手職員が一般的にいわゆる「サラリーマン化」し、「仕事をするのは給料をいただくためです。」と、毎日の自分の仕事が滞りなく終わることだけを考え、勤務経験が少ない上に自分の仕事以外には勉強もしないというひどい事例が増えていることを考えると、一概に「若い人」が柔軟な発想を持っているかというとそうでもいえないところがあります。

これまでの日本の豊かさを導いてこられた諸先輩方の方が、発想も大胆かつユニーク、かつ経験も豊かで柔軟に仕事を進めているというのが、私の正直な印象です。時代背景もあるのかと思いますが、豊かな時代に育った、いわゆる「今どきの若い職員」が、経験も少ない上に、勉強もしないで上司の言われるがままに日々を送っているように思います。

こんな実状を踏まえて、未だに「まだまだ若い人には負けられない」とベテランが頑張るのもよく分かりますが、いつまでもベテランが引っ張っていくことはできないわけですから、どうか、我慢して、若い職員の芽を育ててあげていただきたいと思います。

いずれにしても、産廃税の若手研究会の場合には、年齢が近いこともあり、また、知らないというのが逆に効を奏し、怖いものなしの自由闊達な意見交換が行われたことが結果的にはよかったのだと思います。

### (3) プロジェクトから仕事を引き継ぐ職員の立場から

ときどき、コンサルタント会社にすべて検討を委託して、行政職員が何も勉強しないままに過ごしている事例があります。ひどいものになると、自治体内部の研究会などを開催した場合に、本来オブザーバーとして参加しているはずのコンサルタント会社の社員が、最初から最後まですべて受け答えをしているような場合が見受けられます。このような事例は問題外であるにしても、行政内部で行われたプロジェクトを引き継ぐ場合にも同じことが言えるのであって、引き継いだ職員は、自分でゼロから政策を組み立てる努力をするべきで、疑問があれば、逐一確認をしてから先に進めなければならないと思います。

今回の産業廃棄物税の創設に当たっては、二〇〇一年三月に若手研究グループの試案が公表されたことを受けて、四月に税務担当と環境担当の執行部職員によるプロジェクトが本格的にスタートしました。

この取組について、当時廃棄物対策課の副参事として今回のプロジェクトに参加した松林万行廃棄物対策課長は、「税の文化と廃棄物の文化のぶつかり合い」と評した上で、「基本は税務課のほうで税制度として検討しますけれども、そこへ産業廃棄物の仕組みをどうやって入れるかというところがありまして、税制度の考え方と産業廃棄物の処理の仕組みの考え方というのは非常に違うところがありまして、まるっきり水と油ほど性格の違う男女が結婚するのと同じで、仲人として非常に苦労した結婚であったんですが、何とかできあがりました。」「例えば、私も法定外目的税というのを県庁に入って初めて知ったんですね。この作業にたずさわったおかげで、税のことが少しですが分かったつもりになりました。税務の人も、産業廃棄物の処理とはどんな仕組みか、とんでもなく複雑だなというのを分かってもらったと思いますし、これはお互いにいいことですよね。文化の交流でね。廃棄物の中に税の厳格性と言うか、確実性みたいなものを持ち込むのは非常に難しかったですね。というのは、税金というのは、たとえ一円であろうときちんと把握する必要があります。ゴミというのは、適正に処分されれば一トンであろうが二トンであろうが、量はある程度おおまかでもいいんですよね。きちんと処分され自然に帰ればいい話ですのでね。そういう中で、そういう一円、二円がきちんと把握できるようにしなくてはいけないので、非常にそのへんが難しかったんですよね。」と話をしています。

また、当時税務政策課の課長補佐として参加した中西三紀夫調整監も、「今まで税務の行政は、地方税法に基づき国で決めてもらって、その決めたものをいかにして公平に執行していくかというのが税務の行政でした。だから、法律を作るのは国で作ってもらって、県は執行だけを担当し、法の執行に係る解釈とか、どういうふうにやれば公平に執行できるかとか、今まではそういうことを考えてきたんですね。今回の条例は、新たに県が一から税制度を作るというのがあって、苦労と言えば、そういうことでした。税務としてはできるだけ簡単な仕組みの税制にしたいというのがあって、そこへなるべく持っていきたいと思っていたんですが、環境行政のほうはそうではなくて、その税の仕組みの中に、いかに環境に優しくしたら税が少なくなって、環境に悪いと言うか、環境に負荷を与えるようなことにすれば税金が高くなるというような仕組みをなるべく組み込ませようと。だから、この税によって、廃棄物が少なくなるような仕組みを随所に盛り込みたいという思いがあって、そういうものを盛り込むと、税の仕組みが非常に複雑になるので、それは止めておこうと。税は税で簡素にして、税金を使うところでそういう廃棄物を減らす仕組みの使い方をすればいいのではないかというような対立点があって、そこが最後まで大変でしたね。」と述べています。

こうした新しい制度づくりにあたっては、いわゆる「異文化」のぶつかり合いがありますが、携わった職員が苦労をしながらも、お互いの「文化」を勉強しながら理解を深め、はじめて「新しい仕組み」ができあがるのだと思います。

現在各自治体で、三重県と同じように産業廃棄物税など新しい法定外の地方税が検討が進んでいます。その多くは、財源対策議論が中心になって、財政当局や税務当局が中心に議論をしているようですが、関連する部局のうち、どこかが一方的に議論を進めていくのではなく、お互いの「文化の違い」を理解しながら、ときには、ぶつかりながら、根気強くFace to Faceの意見交換を進めていく必要があると考えます。

## 3　産廃税誕生秘話――産廃税は一日にして成らず

今回の産業廃棄物税の創設にあたって、北川知事からプロジェクトを担当する執行部職員には、二つの指示がありました。

ひとつは、税制面、環境面、産業面それぞれから制度的・政策的にしっかりとしたものにすること、もうひとつは、政策形成段階からすべての過程をオープンにして議論することでした。

この二つのミッションについて、担当した私たちの検討がどのように進んだか経緯を具体的にお話したいと思います。

### (1)　未知との遭遇

先ほどからお話をしているとおり、今回の産業廃棄物税の創設にあたって、まずぶつかったのは、県庁内部の組織の壁ともいえるものです。北川知事からのミッションを忠実に遂行しようとした場合、まずはそれぞれの所管課で検討を進めるわけですが、「税制面、環境面、産業面」それぞれにおいて、既存の発想の中で、「制度的・政策的にしっかりとしたもの」にしようとすると、一度それぞれで、「しっかりとしたもの」ができると、なかなか他の「文化」を受け入れようとせず、議論が全くの平行線をたどり、時間だけが経過していく事態になりかねない時がありました。

現段階で振り返ると、こうした段階があったのは、まさに、制度的・政策的にしっかりとしようとしたがためであって、例えば税制面・環境面・産業面のいずれかの面だけでしっかりとしたものにするだけであればこうしたことはなかったのかな、という気がします。ですから、これから検討を進められる自治体では、必ずこうした段階があると思いますし、ぶつかり合いがなければ、むしろ、それはどこかの側面での議論が十分になされていないのではないかと、一度ボールを、担当部局に投げてみてはいかがでしょうか。

住民や企業の方々には、役所の組織の壁から生じる問題は関係はありませんから、自治体の外に一歩出ると、すぐに様々な側面の議論になりますので、その前にきちんとした意見交換をして組織としての方針を決めておく必要があると思います。

「税務部門の立場からは、税制の簡素さを求めるという考え方がありますし、環境部門の立場から、できるだけ廃棄物を抑制するような仕組みを、制度の仕組みの中にも入れていきたいという考え方があって、けっこうそこらへんが非常に議論になったんですよ。その点について徹底的に議論をし、最終的には廃棄物抑制という環境政策の視点を入れ込んだ税制の仕組みができあがったのです。」当時、税務政策課で今回の制度づくりを、まさに中核で担当していた福井敏人主査はこのように語っています。

今回創設した産業廃棄物税は、全く新しい仕組みづくりであることから（少なくとも我が国では）、従来の税理論、環境理論、産業理論それぞれから、「未知の世界」のものでした。現段階で振り返ってみると、税制面、環境面、産業面それぞれの中では「正しい」とされる仕組みであっても、「文化の交流」をしないと、トータルで「誤った」仕組みになってしまったおそれがあるのではないでしょうか。

私たちの議論も一度は平行線をたどることになりましたが、もうひとつのミッション、「すべての過程をオープンに議論する」ため、まずは、表4のとおり、税制面、環境面、産業面それぞれの立場から「正しい」と考えることを盛り込んで、四つの案を作成し、県民のみなさんの前で、県民のみなさんと一緒に議論をするという手法をとることにしました。

## (2) 議論、議論また議論

ここまで読んで、自治体関係者の方であれば、おやっ、と思われた方も多いのではないでしょうか。多くの自治体では、いわゆる原課、ここでいうと、税務担当と環境担当の部局の議論が平行線をたどっているような場合、時期を見て、ここに財政担当部局が出ていって仕切るというのが常だと思います。財政課長なり、総務部長が、両方の言い分を聞いて、足して二で割るという調整型の政策立案がなされ、政策内容よりも、お互いの顔を立てるといったバランス論が先行し、それがかえって大胆な発想を阻害してきたような気がします。三重県の場合には、「財政課」がありませんから、こうした事態が生じた場合には、それぞれの担当部局で、お互いが納得いくまで徹底的に議論が行われることが大切とされています。

三重県の場合も、以前「財政課」があり、政策立案全般にわたって強い権限を有していました。しかし、現在の北川知事が就任して以来、政策立案にあたって「財政課で切られた」とか、財政課の職員が「予算をつけてやった」「私があの建物をたててやった」といったような形での発言がないように、ということで、まずは形から「財政課」をなくして「予算調整課」としました。北川知事は、当時、いっそ「計数管理課」にしたかったと言っておられました。この結果、政策決定の最終責任を、現場の実状をあまり詳しくは知らない財政課の職員が負ったり、一方で、紙作工の「ノリしろ」ならぬ「切りしろ」を設けて、担当部局で無責任に無理な予算要求を行うことがなくなり、担当部局が政策の企画から最終形まですべて責任を持つような風土づくりがなされ、各部局間の調整も、それぞれの担当課どうし、最後は部局長どうしで徹底的に行われるようになりました（通常の予算編成議論の場合には、財政当局と各部の対立という軸ではなく、関係部局長が知事・副知事・出納長の三役の前で、最後までそれぞれの言い分を主張しあうという段階まで徹底しています）。

特に、今回の場合は新たに創設する財源議論でもあり、財政制度の仕組みづくり、予算編成といった観点からは予算調整課も当然関わってくるわけですが、税の仕組みづくり・制度論で議論が交わされているときには、議論の中身に立ち入らないというのがひとつのルールであったような気がします。

もし、みなさんの自治体で担当どうしで議論をしている間に、知らない間に話が上司どうしの議論にあがっていたり、様々な背景もあるのでしょうけれども、担当どうしでは徹底的に議論が行われていたはずなのに、結局はマジックのようにいつの間にか結論が出たり、出たはいいけれども、どうしてそういった政策が選択されたかわからない、もちろん、住民や企業のみなさんにも説明ができない、などといったことがあれば、一度意思決定の段階でどこに問題があるか見直しをされることをお奨めします。

部局長にもなって書生っぽい議論をして、という意見もあるかもしれませんが、私は、三重県庁で、いつも「理屈」を大切に議論が行われている雰囲気が好きですし、何よりもその議論の中心で、北川知事が、「理屈」を大切に議論を重ねている姿がすばらしいと思っています。

マスコミによく顔を出される北川知事ですが、政策立案にあたっては、三重県庁内でとにかく職員と議論することに時間を費やしており、部局長から主事・技師に至るまで（知事は職員の名前と顔を本当に知っています。）どんな相手でもいつも真剣に議論をしておられ、こうした形で住民や企業のみなさんともいつも真剣に議論をしているからこそ、多くのことを知っておられるのだろうなと思います。

### (3)　お知恵拝借！

少し話がそれてしまいましたので元に戻します。北川知事から、「税制面・環境面・産業面で制度的・政策的にしっかりとしたものにするように」というミッションがあったことを受けて、私たちは専門家を含めての議論の機会を設けました。

三重県には、「三重県の税財政のあり方を考える研究会」が設けられており、東京大学の神野直彦教授を座長に、環境経済学、財政学、租税法の国内の一線級の学者に入っていただき、東京事務所のサロンスペースを活用して定期的に研究会が開催されています。

また少し余談になりますが、三重県の東京事務所は、知事室や東京事務所長室のスペースがありません。また、東京事務所の職員は、日中、企業や国の省庁との情報交換のために外出している時間が多いことから、時間帯ごとに、事務所内に滞在している職員数の最大値を調査して、その分の職員の椅子と作業机を確保したうえで、職員はどこでも自分の好きなところにパソコンと移動式の引き出し付きの机を持って移動して作業をしています。ＦＭ（ファシリティマネジメント）、つまり職場環境を変えることによって職務効率を上げることを目的としたもので東京事務所のこうした取組は、一般にフリーアドレスといわれるものです。

同じＦＭの観点から、三重県庁生活部では課と課の間をすべて取り払いワンフロアー化を実現しています。もし東京に行く機会がありましたら、赤坂にある都道府県会館の三重県東京事務所をぜひ訪問してみてください。事務所の実に半分くらいのスペースを有効に使うことができるようになり、このスペースを活用して、著名な学者・研究者、企業経営者などを招いては頻繁に勉強会を開催しています。北川知事もよく出席していますし、三重県庁の職員にも勉強会の案内が電子メールで送られてきて、興味のある職員は誰でも参加できるようになっています。こうした形式も含めて三重県庁では、職員研修に本当に力を入れています。

今回の制度づくりにあたっても、「制度的・政策的にしっかりとしたものにする」ためにも、神野先生はじめ「研究会」のメンバーの皆さんには、二回にわたり大変熱心な検討をいただきました。

税務担当・環境担当それぞれの担当している職員が入ってどの段階で課税するのが理論的によいかなどについて議論が交わされました。その結果、四案のうちいずれの案をも推す様々な意見が出ました。やはり税制面、環境面、産業面それぞれからしっかりとしようとすればするほど、学者の方から見ても、専門的になればなるほど、いずれもが十分納得のいく仕組みづくりというのはなかなか難しく、最終的には、「地域の実情に応じて、これまでにはない、新しい仕組みを作っていくのだろうな」、「県民や企業の皆さんがどう思い、三重県としてどう判断するかだろうな」というのがみなさんの見解でした。

## (4)　県民とのオープンな意見交換

(1)の最後でお話をしたとおり、執行部の職員で四つの案をつくり、二〇〇〇年八月一日に公表して以降、県民のみなさんを囲んでのオープンな懇談会を、九月一〇日と一七日の二日間（いずれも日曜日）に県内の四地域、具体的には四日市、津、伊勢、上野の四会場で午前と午後に分けた形で開催しました。新聞での広報により、各会場には、四〇名から一四〇名の県民、企業、市町村職員らが集まり、県側からは総務局長、環境部長ら担当職員が出席し、四つの案の説明を行うとともに、県民のみなさんから直接意見をお伺いしました。

この取組について、福井主査は次のように語っています。

「従来、県の政策の場合、行政内部で一定限度の議論が済んだ後に、こういうことを実は県の政策としてやりたいと考えています。一つみなさんよろしくお願いしますというのが、これが税部門のみならず、他の部門も含めて、多分そういう手法が非常に多かったと思うんですよ。今回はそうではなくて、いわゆる意思形成段階とか政策形成段階とか、よく言いますね。そういう段階からオープンにしようという方向で検討を進めていたんですよ。ですから、従来、ややもすると、政策が固まった固体の状態から、情報をオープンにしていました。もうそこから基本的には変更の余地がないんですね。じゃなくて、まさにまだ政策の前の、いわゆる気体の状態で、我々が検討していた過程も、まだ気体から液体のあたりの状態の段階で、四つの検討試案というのをオープンにしたんです。そして、県議会で報告をさせてもらうとともに、県民の方々に対して、我々はこういうことを今考えていますよということで、そういう手法を使ったんです。ですので、そういう面ではいろんなところへ、県民と直接対話をするような、例えば総務局長なり環境部長なりが出て、県民の方々と直接対話するような県民懇談会をしたり、あるいは排出業者の方々の団体であったり、それから処理業者の団体の方々であったり、ひいては、個別の業者の方々とも、議論しながら作っていこうと。それが多分、今までの政策形成の仕方とかなり違ったので、ある意味ではそういう面に非常に力を使ったんですね。」

これまでの行政のスタイルでいうと、ときに、「隠そう」という意識が強かった感じもあります。また、税の面でいうと、納税者の側には、人の懐に手を突っ込んで、という被害者意識が強かった感じもあります。その意味で、今回のような懇談会はお互いに慣れているものではなく、戸惑いがある中で開催されたといってよいと思います。

この懇談会の意味合い・感触について、中西調整監は次のように語っています。「県民懇談会では、報道の方とか県民の方とか、勿論、排出事業者の方とか処理業者とか、いろいろな方がみえていたんですが、一般的に県民と言うか、排出事業もやっていなくて処理業もやっていないという方の意見は、総じて賛成という感じはありましたが、企業の方は、やっぱり最初はこういう経済情勢が厳しい折に、今なぜ税なのかと。それを負担すると、県外の方との競争力が三重県だけ落ちるとか。それと、政策形成途上で議論をやっていただいたので、四案示したので、一体どの案にするんだと。そういう議論に慣れていないと言うか。だいたい県の説明会というのは、固体として固まったものを説明して、それはこうです、その質問はこうなってますと言うんですが、そこは固まっていません。例えば、税率、免税点、そういうところは固まってないわけですね。そういう中でいろいろな動き、意見交換しましょうというのは、こちらも慣れていないけれども、そういう県民の側の立場の方からも、やっぱり慣れていなくて当初戸惑いがありましたね。」また、廃棄物対策課で中核メンバーとして今回の制度の創設に携わった尾崎重徳主幹も、「企業もそうですし、処理業界もやはり同じような戸惑いと言いますか、自分たちが直接納税義務者になるのか、間接的なのか、確かに四つ案を示した段階で、ちょっと見えにくくなったのかなと。ただ、逆に議論が深まったのかなという気もしまして、単に反対、単に賛成と言うのではなしに、こういうものに対して税金をかけるということの意味合いを理解していただくきっかけにはなったのかなと思います。」と語っています。

今回創設した産業廃棄物税は、検討を始めた当初から、目的税とすることを念頭に置いていました。使い道も含めて県民や企業のみなさんのご意見をお伺いしたいと思っていたのですが、二〇〇〇年八月に四案をオープンにした段階では、かえって税の使い道が明らかではないという意見も多かったようです。やはり、県民や企業のみなさんの側としても、政策形成段階からの参加というものにはなかなかなじみがなく、政策形成の途中段階でオープンにするケースであることの説明を私たちも、もっときちんとしなければいけなかったのかなあという感じを受けています。この点、福井主査も「税制の案を四つ出したのですが、今回は目的税ということなので、使途が明確ではないという意見がけっこうありました。それについての我々の考え方は、まさに皆さんからも意見をいただいて、その上で使途も形づくって行きたいというのが基本スタンスだったんですね。今回は税制度も然りなんですけれども、使途についても、いわゆる皆さんの意見、こういう税でどうですか、こういう使途に使えば廃棄物の抑制に効果があるんじゃないかというご意見をいただいて、それをいただいた上で、県の政策として使途はどういうふうにしたいという仕組みづくりで行こうとした、そこらへんで若干のボタンの掛け違いがあったかなと。ですので、最初、懇談会の時も、『県は考えてないの？』というような感じの部分も若干ありましたね。」と述べており、また、松林課長も「企業については、産業廃棄物の排出抑制やリサイクルさらに適正な処理のために、今何を行政に求めているか聞きたかったのですが、多くの場合、なかなかそのへんの話が出てきませんでした。新たな財源の使途として、企業の要望も聞きながら、施策を作っていければいいなというのがあったんですが、なかなかそのへんが出てこなかった。」と語っています。

こうした政策形成段階で県民を含めての懇談会を開催したこと自体はとてもよかったと思っていますが、やはり、具体的なご意見をいただくためには、こちらが持っている情報や問題意識をわかりやすい表現ぶりですべてきちんとお伝えして、「そうか、それは大変なことだなあ。」という共通認識を持っていただくことが一番大切なことだと思いました。

こうした場合には、ふだん何気なく使っている行政用語、例えば、「事業」とか、「排出抑制」とか「減量化」といった言葉づかいにももっと工夫をして、それぞれ、「仕事」とか、「ゴミを出さない」であったり、「減らす」といった言葉に置き換えて物事の本質をきちんと伝える努力をしなければいけなかったかなあという感じを持ちました。

県民や企業のみなさんへの説明や意見交換の機会は、こうした県主催の懇談会だけではなく、企業の集会へ出席する機会がこの段階から設けられ、税の使い道などについての検討が進められていきました。

## (5)　さあ、本腰を入れよう！

九月の県民懇談会を終え、さらに税の使い道について企業への聞き取り調査を行いながら、四案からひとつの案への絞り込みを含めた骨格づくりの検討が進められました。

この段階になると、税務担当・環境担当・産業担当の各課長に加えて、十木、科学技術研究や企画担当の課長をメンバーにして、これを総合行政の観点から青木彰彦総合企画局次長がまとめる形で検討会が設けられ、企業からの聞き取りなどもベースに税制度の骨格をまとめることになりました。

日中は通常の業務があることもあって、この検討会は、朝晩の時間を使って週二回程度のペースで急ピッチで行われ、企業からの聞き取りに基づき各部局が提案を行い、それを総合企画局次長がとりまとめる形で検討が進められました。

四案の絞り込みについても更に検討を加えた結果、三重県の場合、税の徴収の観点から見ればB案なりC案が効率的ですが、環境政策の点から見れば、産業廃棄物行政の基本に立って、排出者に直接のご負担をいただくことが適当ではないか、B案・C案の場合には、特別徴収義務者となる方に、料金の徴収に加え、課税事務を行っていただくことが大変な負担になるのではないか、経済原則としては、料金に税が転嫁されて排出事業者の方が税を負担することになりますが、産業廃棄物処理の現場の実態を踏まえると、価格転嫁が働くとは限らないのではないか、などといった産業廃棄物処理の現場での意見も十分に検討した結果、A案を軸に検討を進めることになりました。

## (6)　全国で初めての産業廃棄物税条例案づくり

このような税の使い道や仕組みの検討とあわせて条例案づくりも行われました。私も諸先輩方から教わったことですが、条例づくりをするとき、あれこれ言っている前に、まずは条例案の条文を書いてみるということが大切です。書いている間に、気づかなかった論点に出会うこともあります。

今回の条例案づくりにあたっては、先ほどお話をしたメンバーに加えて、税務政策課の西川主事も中心となり、環境部門からは、廃棄物対策課の尾崎主幹が中心になってサポートするとともに、法務部門からは、政策評価推進課の大西主幹、栗原主査が加わり、まさに一緒になって、全国で全く初めての制度づくりに取り組みました。宣言的な条例ではなくて、企業の方の権利義務に関する条例でもあること、また、国からの準則などもない、独自の条例でもあることから、条例案づくりには莫大な時間をかけて慎重に行いました。

現在、自治体の法務部門の能力というのはどの程度でしょう。どうもどこの自治体でも法務畑のようなものがあって、こうした能力をもった方がずうっと法務の仕事をしているような印象があります。

全庁的に法務能力のある職員を育てていく必要があると思いますし、計画的に研修をしていく必要があると思います。というのも、条例案づくりといった場合、どこの自治体でも、法務部門がいろいろと意見を言っている間に原案を作成している部局が疲れてしまって、気がつくと法務部門が自分で作っているといった事態が見られるようです。

または、いわゆる法務的な観点からの議論ではなく、原課の方の、「やりたい」「必要なんだ」といった主張や、「うちの部長がやりたいと言っているので何とかして欲しい。頼む。」といった主張がなされていて、全く議論がかみ合わないといった話もきいたことがあります。

これは、これまで自治体が、国から示された準則に従っていれば条例を作ることができたので、何が条例事項で、何が施策なのかといったレベルからよくわからず、いわゆる政策法務の能力を持ち合わせていなかったことによるものと思われます。

また、幹部の方も、ご自分で条例づくりを経験されたり、地方課や市町村課で市町村の条例づくりの相談にのった経験をした方でないと、なかなかいわゆる法務能力を磨く機会がなく、財政畑の感覚で「私が言えば大丈夫」といった感じでものごとを押し切ろうとすると、なかなかよい条例ができないような気がします。

幸い、三重県の場合、神戸大学の阿部泰隆教授、上智大学の北村喜宣教授や九州大学の木佐茂男教授をはじめ熱心な指導教官をお迎えして、毎年政策法務研修に力を入れており、今回の取組にあたっても少なからずこうした下地が生きたのではないかと考えています。

国が法令づくりと予算づくりを相絡むものとして同等に価値づけて政策立案をしているのに比べて、自治体では、これまで、あまりに予算議論に重点を置いており、政策法務・条例づくりには力点が置かれていなかったような気がします。

これは、これまでは制度づくりはあくまで国が法律で決めるものであって、自治体は制度の執行だけを考えていればよかったからだと思います。

この点、先に述べた北村教授は、著書『自治力の発想』の中で、「通達がこないこれからこそ、政策法務能力が問われる。『ウウッ、通達が欲しい！』という禁断症状になるかも知れない。各省庁編集の『参考書』や技術的助言にすがりたくなるかもしれない。しかし、それを乗り越えてはじめて、自己決定権を確立することができる。地方分権を自分のものにすることができるのである。依るべき権威は、自らの創意工夫で作り出さなければならない。」「条例案策定にあたっての法令の自主的解釈作業は、多くの自治体にとっては、未知の経験になろう。ここで国に相談しようものなら、まさに、『飛んで火にいる夏の虫』である。我慢が大切である。」と述べています。

国の示す準則をそのまま書き写したり、他の自治体で実施している条例をそのまま持ってくるだけでは地方分権時代の政策法務とは言えません。

また、財政課の査定の場における議論のように、他の県の事例をいくつか並べて、金額で真ん中をとったり、一番安ければよいといったようなことに熱心に時間を割いているようでは仕方がないのであって、各自治体とも、こうした政策法務能力向上のための職員研修や自主研究サークルへの支援を積極的に進めるべきであると考えます。

### (7)　土壇場の決断

県議会では二〇〇〇年一二月に税収の使い道を中心に議論が行われ、執行部としては二〇〇一年二月の県議会にも産業廃棄物税条例案を提出しようかという考え方もありました。

県議会で主に議論になったのは、企業への説明の時と同様「なぜ、この景気の悪い時期に『税』を導入するのか、もっと時間をかけて企業と十分な話し合いをしなければいけないのではないか。」ということでした。

これについては、私たちは、「産業廃棄物の最終処分場の円滑な確保など、産業廃棄物対策については景気の良し悪しに関わらず行う必要がある。」とお答えしましたが、県議会開会を控えた二〇〇一年二月中旬、産廃税の条例案提出を「今度こそ」と意気込んでいた私たちに、北川知事は「議会と企業の理解が不十分」として、直前に提案見送りを直接伝えました。

知事は幹部との議論はもちろんですが、いつも、実際に業務を担当している職員との意見交換を大切にしており、こういった方針を出す場合にも、これまで検討に携わった担当職員すべてを部屋に呼び込んで、自らの意思を伝え、職員の意見があれば、その場でそれを聞くという機会を設けています。

こうしたことの積み重ねが、トップと担当職員との意思疎通を図り、信頼関係を築いているのだと思います。担当している私たちとしても、やはり、再度、時間をかけて企業のみなさんに十分な理解をいただくことが大切と考え、県議会へ条例案を提出する前に、納税義務者として想定される企業の皆さんと膝詰めの検討を行うことにしました。

### (8)　企業とのギリギリの折衝

本格的な産業界との議論が始まったそれから一か月間。五回にわたる話し合いの場がもたれるとともに、四日市市のコンビナート企業など五〇社以上をひとつずつまわって説明をしました。

四日市市の化学メーカーは、化学繊維などの素材となる製品を一銭一厘単位までコストを切り詰める苦労を語りました。別の大手企業は、事業予算獲得のため、国際競争やライバル企業ばかりか、社内の支社、工場間でもし烈な競争があることを率直に語りました。「コストダウンや厳しい競争の中で、新たな税を負担すれば、競争力を失う。」企業側の訴えは切実でした。

これに対して私たち県側は、循環型社会構築に向けた考えや、税導入後のリサイクル技術開発への支援策、さらに四日市市で建設中のガス化溶融炉問題などを取り上げながら、産業廃棄物処分場をきちんと確保していくことが今後、企業が安心して生産活動を続けていくことにとって、いかに重要な課題であるかについて説明をしました。

五回の検討会では、一回あたり四～五時間。税の使い道から税率・裾切りの基準まで膝詰めの検討が行われました。

この検討を振り返って松林課長は、「県が、企業の産業基盤である最終処分場の確保のための施策をやろうとすると財源が要ります。最終処分場は、産業廃棄物を出す企業にメリットがあるものであり、この財源は受益者の企業からいただく必要があると。この結果、将来の受益者にとって、この場合は、産業廃棄物を出す企業ですが、痛みを伴う場合もあります。一方的に受益だけがある仕組みはありません。そういうことを議論してきました。」と語っています。

「初めに新税導入ありきではないか。」と反発した産業界側も、五回の突っ込んだ話し合いに次第に軟化しました。企業側の幹部には「行政とこれほどホンネで突っ込んだ話し合いをしたのは初めて。」と評価していただきました。

この点、福井主査も「二月末には企業とも検討会議を作って検討を進めたわけですが、まさに六月議会に提案する前の段階になった時には、一つのテーマで、これほど県と突っ込んで話ができたのは初めてだと、検討会のテーブルを囲んでいた産業界のメンバーの方々から言っていただきました。私は、ある意味でそれは非常に嬉しかったですね。それぞれの立場は違いますし、当然、税金ですから、諸手を上げて賛成なんて、あり得ないでしょ。だけども、産業界の方々から県の考え方も分かるよ、というところまで話ができたんです。彼らがおっしゃってくださった言葉が、まさに今回の検討プロセスを象徴しているのかな、と私は思ったんです。」と述べています。

### (9)　いよいよ成立！

こうした検討を経て、私たちは、二〇〇一年六月の県議会に産業廃棄物税条例案を提出しました。

県議会では、一〇〇〇トン以下の排出事業者が対象にならないということで、リサイクルの意欲をそぐのではないか、不景気であるこの時期の税導入は、不適当なのではないか、使い道については当初（若手試案段階）予定したよりも税収見込みが下がったのだから、弾力的に見直してはどうかといった意見などがあり、三年から五年のうちの見直しを含めてという付帯決議を付けて条例案は六月二九日に全会一致で原案どおり可決成立しました。

六月二六日の県議会総務企画常任委員会での可決後の定例記者会見（二七日）で、北川知事は、「税理論で間違ってたらちょっとまた足してもらわないかんとこもありますが、私どもとしては、環境先進県を標榜し、今度の分権一括法で法定外目的税というようなことで、やはり、ここは真剣に考える必要があるなというところからスタートしまして、それで、税理論から外れるとちょっとつらいことになるかもわかりませんが、町内会費的な意味合いの、環境で本当に頑張りますと、あるいは産業活動がスムーズに行くようにという、あわせ持って、そういった目的税にしたいというところからスタートして、そして、産業界の方々ともいろんな議論をして、試行錯誤を繰り返し、議会の皆さんともやって今日の結論を得たわけでございます。したがって、従来の、税は出来るだけ効率的に多くいただけるのが一番いいというのが税の理論ですが、私どもの今回の産廃税につきましては、こういうこと言うと少し語弊を恐れますが、出来るだけ税がいただけないようなといいますか、減っていくようなことの方が、むしろ喜ばしいことだというふうには思っておりますので、その辺りが違うんですが。ちょっと言葉を一つ間違うと、また、なんだというお叱りをいただくんで、言葉足らずだったり、語弊を生じたりすることは心配していると、そういう意味で今回の産廃税は位置づけております。」と述べています。

また、今後の環境税の議論の広がりについて、北川知事は、「まず、各県がいろいろ、ずっと今まで私に相談してきてますから、いろんなところが挑戦されるんじゃないかというのが一つあります。もう一つは、もともと環境税をどうするかという議論は大きな課題として国にもあるわけですから、私は恐らく京都議定書云々の問題とか、そういったことからいけば、私は取り上げていただくことは当然だと思っていますが、そういったことは、一つ三重県のこういったことが引き金になるかもわかりませんが、それ以上に国としてやられるべきだと私思っていますから、そういった流れには、国として、もっと大きな枠で、環境税的なことはお考えいただくことになるんではないかと、私はそれも期待を込めて申し上げています。産業廃棄物も含めて、環境税なるものを創設するかどうか、随分議論になっているでしょう。そこへ段々話しが行くと思いますよ。私は行ってほしいと思います。だから、産廃税が広がることも、一県でやるよりは、排出者責任ということが段々明確にされることになってきますから、それはそれで、ゼロエミッション化とかメビウス化になってきますから、それはそれでいいんですが、もっと大きな枠で、環境税的なものを本当に国として取り上げていくということが、私は重要だと思うんです。だから、今まで環境に対するコストが経済界ではカウントされていませんから環境に配慮したんでは商売はなかなかやりずらいよということから、これからは、環境に配慮しないと、社会的貢献も含め、経済的ロスも逆に多くなりますよという、そういった社会を僕は作っていきたいと思って、今回も産廃税なんかは、そういう頭があってお願いもしていますから、国としてもそういうふうな方向に是非行って欲しいと思っています。」と述べています。

さらに、今回の産廃税創設プロジェクトの検討経緯については、「やはり税をいただくということがどれ程大変なことかということが、私も含めて、それぞれの職員も意識が変わったと思います。それで、産業界のみなさんや議会のみなさんが言われることがもっともなことが多かったと思います、決めていくときに。議論が分かれることはありますよ、だけども、そういったことをオープンにして、意思形成過程をお見せしながら作ってきたというのは、ちょとこれも語弊を恐れますが、だから町内会費といいうか、そういった意味合いも申し上げて、我々としては安定的に産業活動がしやすいように、それで環境負荷を減らすようにという目的税でございますので、ご理解をという時に、様々な規模の大小によったり、あるいは業種によったり、地域によったりとか、いろんな違いがございますので、税をいただくことがこれほど大変なことかということが理解をさせられたというところが正直ございますので、今までは国からいただいてきてということとは意識が段々変わってくる、いわゆる分権自立の自主自立の政策立案をして、自己決定して、自己責任を取っていくということの、一つのきっかけになりましたし、いろんな点で教えていただきました。県はややもしますと、市町村を通したり、団体を通したりという事業が多かったんですが、今回のように、県民の皆さんと直接とか、事業者の皆さんと直接とか、あるいは、新しい課題で県議会の皆さんといろんな議論が沸騰したということは、私はありがたいことだと思っていますし、そしてなおかつ、お認めいただいたということは、一歩前進することが出来て、これで二九日（県議会本会議）に是非ご了解いただいて、通していただければと、そういうふうに思っています。」と述べています。

### ⑽　総務省との協議

自治体が法定外目的税を創設するためには、国との協議を行い同意を得る必要があります。

県議会での可決成立後、北川知事は週明けすぐ七月三日には、総務省の石井隆一自治税務局長を訪れて協議を開始し、九月二八日には総務省から創設について同意する旨の回答がありました。

自治体によっては、総務省との協議の場面でいろいろと課題があるようですが、今回の三重県のケースが大変スムーズに行ったのは、県民の皆さんに四案を提示してオープンに議論を始めた時点から、総務省（当時自治省）に対しても四案をオープンにして、制度面からの意見交換を行うとともに、企業や県議会などの意見の様子についても、随時情報交換を行い、政策形成段階から頻繁に意見交換を行い、総務省としても内容を熟知して検討をいただいたことによるものと考えています。

最近、地方分権というのを理由に、議会さえ通れば何でもあり、といったような形での政策立案形式も見られます。それが地方分権だ、国と対立してはじめて地方の存在意義があるんだ、というようなマスコミ論調もあるようです。しかし、制度的にも「しっかりとしたもの」にするためには、こうしたノウハウに長けた国とも十分な意見交換を行った上で検討を進めるべきであると考えます。

今回のケースについて、国から、ああしろ、こうしろ、といった話は一度もなかったし、全国的な検討状況を踏まえた理屈づけなど、制度的にしっかりとしたものにするうえで、大いに参考になる意見交換を行うことができました。

国と自治体との関わりは、自治体が、国の意見を、お上のお声としてありがたがったり、ご指示を仰ぐといったようなものではなく、このように、積極的に政策立案・政策提言をしようとする自治体を、国としてサポートするといった関係が健全なものであると考えており、今回のケースはその通りに行われたと思います。

## ⑾　何かが変わり始めた！

一連の検討の過程を振り返って、私たちが得た教訓について触れてみます。

まず、きっかけが若手職員の勉強会であり、こうした取組を知事以下執行部の職員が全面的にサポートして制度化に結びつけたことです。

今回の税の実現は、制度は「国がつくるもの」、「所与のもの」という考え方から、地方が現場の実状に沿った形で「ゼロからつくり上げるもの」、むしろ、「国へ政策提言をしていくべきもの」であると発想を大きく転換することができ、若手の職員にとっては、ひとつのサクセスストーリーとして、大きな自信につながることが期待されます。

また、組織の縦割りを越えて、総合行政の観点から検討が進められたことも大切です。税のことは税で、という風潮が多い中で、あくまで環境政策の一環であるとの観点から、廃棄物行政の現場に根付いた検討が行われ、これまでの税理論だけでも、また、環境理論だけからも生まれなかった新しいモノができあがったのではないでしょうか。

何より特徴的なのは、税を徴収する立場と税を納める立場の者が、すべての事情をオープンにした上で、税の使い道・税率など制度そのものについて二〇時間以上もかけて検討を膝詰めで行ったこと、四つの案の段階から県民にメリット・デメリットすべてをオープンにして賛否の意見を頂戴しながら、案の絞り込みを進めていったことではないでしょうか。

税や環境の規制行政は、権力行政の最たるものでしたが、今回の手法は、税務担当、環境担当など関わった職員すべてにとって大きな教訓になったのではないでしょうか。

さらに、これまで納税者から見れば、税は「とられるもの」であって、何に使われるかには大きな興味を持たないなどといった話も聴かれた中で、行政サービスの基本となる税、特に、目的税についての議論が、これまでの国会ではなく、より住民に近い場で真剣に行われたことは、地方分権・地方自治とは何かを語る上で大変大きな教訓になったと考えられます。

県ではこれまで施策を立案する場合、ともすれば財政面（執行面・予算面）の議論が中心に行われてましたが、基本となる徴税のあり方なども含めて広範な税財政のあり方について議論がなされたのもよい教訓になりました。

企業との議論の過程で、「産業廃棄物は企業が生産活動を行う上で必ず出てくるものなのだから、これまでの悪いイメージを払拭するためにも、企業の減量化・リサイクルの取組について是非紹介して欲しい」との声をよく耳にしました。

三重県では、「積極的な情報公開・情報発信」を政策実施手法のひとつの軸にしており、その具体的手法のひとつとして、ホームページ「三重の環境」（http://www.eco.pref.mie.jp/）を毎日更新し、この中で、企業の取組、市町村・学校などの取組を積極的に公開することで、このホームページを見れば三重県の環境のことが何でもわかるようにしていきたいと考えています。

産業廃棄物税の創設のお話はひとまずこのあたりにして、次の章では、ホームページを通じた県民や企業との「情報交流」についてお話をしてみたいと思います。

# 第3章　ホームページアクセス数30倍の秘訣

## 1　まるごと見せます！「三重の環境」

まずはじめに、今回の話題である「三重の環境」(http://www.eco.pref.mie.jp/) を開いてみてください。情報検索WEBサイトから、「三重の環境」と入力すれば簡単にアクセスすることができます。

三重県の環境行政は、県民・企業・市町村などとの「協働・連携」と、こうしたみなさんへの「情報公開・情報発信」を実施手法の二つの軸としています。県民・企業・市町村との「協働・連携」を実現するためには、行政は、住民や企業から信頼できるパートナーとして認めていただく必要があり、こうした信頼を得るためにはお互いの「情報交流」が不可欠です。

これまで、前者の「協働・連携」の軸については一定の成果をあげてきました。県民との「協働・連携」については、「環境創造活動を進める三重県民の会」を創設して、県民やNPOのみなさんと一緒になって環境保全活動を進めています。企業とは、現在、「企業環境ネットワーク・みえ」を立ち上げて、環境マネジメントの国際認証であるＩＳＯ１４００１を取得した企業など一七〇社程度が、これまでの業種の枠を越えた企業間連携の情報交流の場を設け、県もそのメンバーとして活動をしています。また、市町村のみなさんとも、「県・市町村協働・連携会議」を設けて、日頃からの情報交流を行っています。

しかしながら、後者の「情報公開・情報発信」の面については、たしかに、三重県は、全国市民オンブズマンの会のみなさんからは、宮城県に次ぐ全国第二位の情報公開先進県であるという評価をいただきましたが、まだまだの面もあるのではないかと考えています。「情報公開・情報発信」の面においても先進県、「環境情報先進県」となることを目指して、ホームページ「三重の環境」（http://www.eco.pref.mie.jp/）を毎日更新することにしました（きっかけは後述します）。

二〇〇一年七月一日にリニューアルしてから、現在では、ひと月に約三〇万件（ページビュー）のアクセスがあります。

このアクセス数。実は、二〇〇〇年の実績は月平均約一万件でした。これに対して、毎日更新し始めた二〇〇一年四月が八万件、五月が一二万件、六月一六万件、そして七月が二二万件、一〇月には三四万件と飛躍的にアクセス数が増加しました。一二月には、国内最大の環境情報ポータルサイトである「環境ｇｏｏ」（ＮＴＴ－Ｘが運営）が主催して優れた環境ホームページを表彰する「環境ｇｏｏ大賞」の自治体部門の「大賞」を受賞しました。

ホームページというと最初作ったときだけが立派で、すぐに情報が古くなってしまうというのが常ですが、

「三重の環境」のホームページは、土日・正月も含めて「毎日更新」することで常に新鮮な情報の提供を目指しています。

マスコミのホームページであればともかく、自治体レベルの、環境に特化したホームページで「今日のニュース」といった形で毎日更新をして情報を発信しているのは「全国初」の試みであり、しかも、有料で冊子を配布している自治体も多い中、「環境白書」の全文をホームページで公開したり、「条例や要綱」をほとんどすべて掲載するなど、これを見れば三重県の環境情報は「まるごと」わかることを目指しています、これだけのアクセス数を数えている自治体の環境のホームページもほとんどないのではないかと考えています。

情報政策といった場合に、パソコンを職員に配っても年配の職員はメールのチェックだけをしていたり、パソコンいじりが好きな若い職員が朝から晩まで「箱」（パソコン）を見ているだけの職場もあるのではないでしょうか。広報政策といった場合に、各部局と記者クラブの間を往復しているだけの職場もあるのではないでしょうか。ホームページを活用しての「情報政策」「広聴広報政策」の抜本的転換を図る手法について順次お話をしていきたいと思います。

## 2　超人気サイトのうまれたきっかけ

今回のホームページが誕生するには、三つのきっかけがありました。ひとつは、優れた自治体や企業の事例（ベストプラクティス）を見て以後の事務改善に生かすことを目的に三重県庁全部局で行っている「ベンチマー

ホームページ「三重の環境」

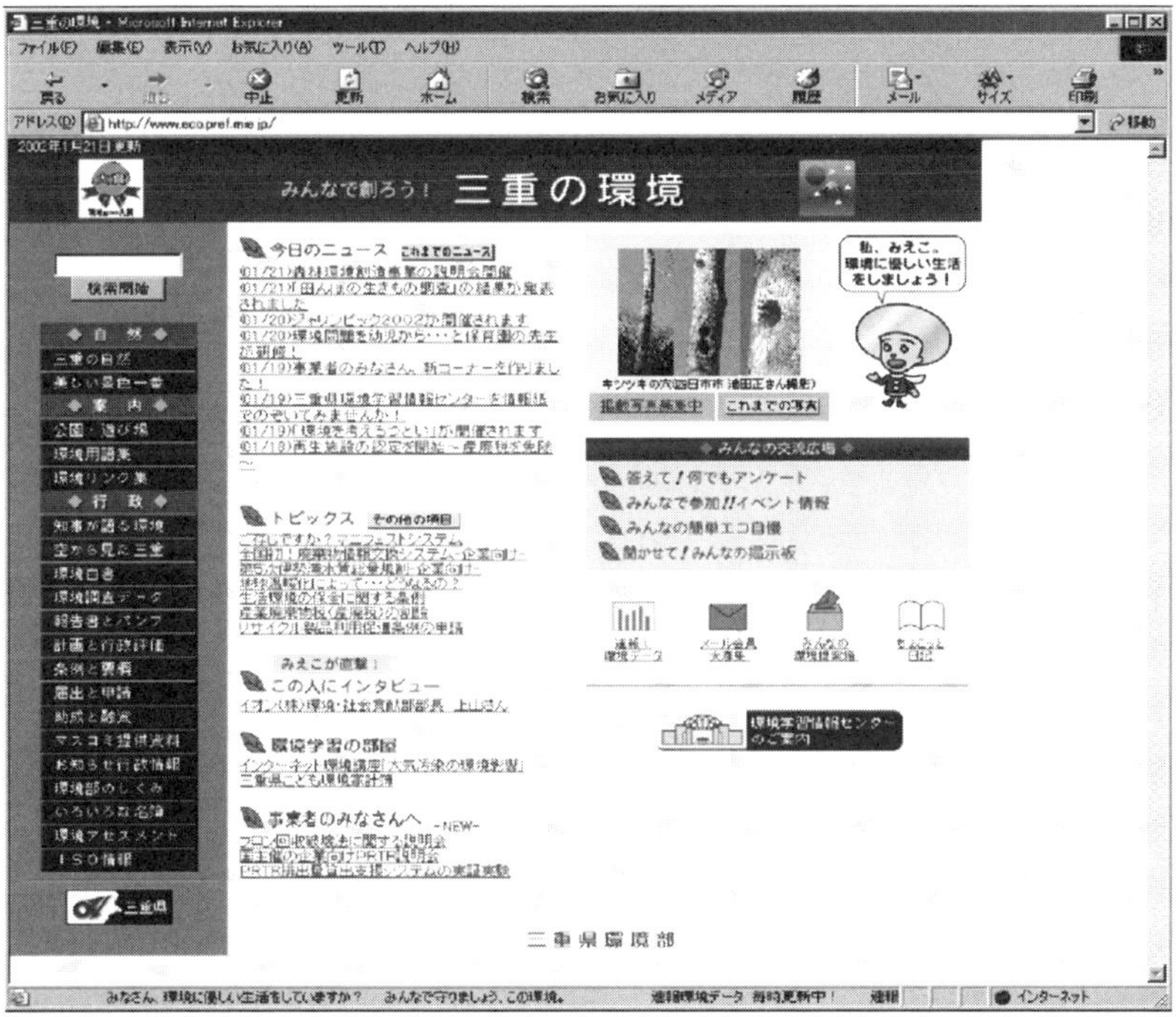


キング」の環境部の二〇〇〇年のテーマとして、「環境情報の積極的発信」を掲げ、先進的な企業や大手WEBサイト会社などにお伺いをして、ホームページによる広報の有効性、ホームページを見ている世代、男女比などについて幅広く研究したことがあります。

　また、もうひとつには、PHP出版が発行している月刊誌『THE　21』の二〇〇一年四月号「地球に優しい自治体ランキング」の特集記事で、日本総合研究所が、企業を環境の面から格付けする「エコファンド」の考え方を都道府県に適用して二〇〇項目程度でチェックした結果、三重県庁をトップにランキングしたことがあげられます。このランキングが発表されたとき、環境部の職員は大変喜んだわけですが、北川知事は、「トップにランキングとは言っても、一〇〇点満点のうち、五一点じゃないか。一〇〇点に満たないのこりの四九点を引き上げる工夫をすぐに研究するように」と私たちに指示があったことから、私も含め環境部の職員が、記事を書いた日本総合研究所と三重県東京事務所の会議室スペースで、記事掲載後一週間後には意見交換をする機会を得ました。

その結果、どこの自治体でも同じことですが、「環境パフォーマンス」が足らないとのお話があり、そのためには、ホームページを活用するなどして、行政情報はもちろん県内の情報をすべてオープンにして、県民や企業のみなさんと双方向の情報交流を行うことが大切であるとの指摘がありました。

さらに、一番大きなきっかけとして三重県では日本経営品質賞診断基準による県行政運営の総点検が行われており、二〇〇一年の三重県庁最大の政策課題として、「顧客本位の行政経営の徹底的追求」を目的にして「行政経営品質の向上運動」に取り組んだことがあげられます。

## 3 「経営」の感覚をとり入れよう！

「日本経営品質賞」というのは、一九八七年にアメリカで、レーガン政権のもと、顧客・住民本位経営の標準となる「マルコム・ボルドリッジ国家品質賞（ＭＢ賞）」を制定し、行政と企業組織に抜本的な改革を求めたところ、モトローラ、ＩＢＭ、リッツ・カールトン、メリルリンチといった代表的なサービス業がこれを導入し、見事に高収益企業への転換を果たし、クリントン前大統領も「ＭＢ賞は、米国企業が顧客を満足させ、全体的な業績と能力を向上させることを助けている。」と高く評価したことなどを受けて、日本でも一九九五年に財団法人社会経済生産性本部がこの考え方を基盤として創設したものです。

この賞の目的は、企業活動全体を利益の源泉であるお客様（顧客）の視点から運営し、かつ新しい価値を生み出し続けることのできる経営の仕組みを持つ企業に対して、その取組を毎年表彰することによって産業界全体の革新を促すとともに、経済構造の変革、国際的に調和のとれた国民生活の向上を図ることにあり、賞を取ること自体が主目的ではなく、審査基準を活用して社内外の仕組みや業務を顧客満足の実現に貢献できるように改革することにあります。アセスメント基準の基本精神は、「商売繁盛・企業繁栄の秘訣は、顧客が望んでいるものを誰よりも早く、効率よく届ける」ことにつきるようです。

これを行政に適用しようとするものが「行政経営品質」です。その中心は、住民が評価する行政のあり方といった観点から行政システム全体を抜本的に見直し、継続的な改善活動を通じて行政経営全体の品質を高めることによって、住民本位の行政への質的転換を実現することです。日本では、三重県のほか、岩手県や高知県、三鷹市などが取り組んでおり、今後さらに広がっていくものと思われます。

毎年四月に、知事と各部局長との間では、各部局がその年度に実現することをお互いの約束事として「率先実行取組」というものを作成しており、環境部としては、その中で、二〇〇一年度末には行政経営品質向上の自己評価（セルフアセスメント）五〇〇点レベルの達成を目指すための一つの柱として「環境情報先進県づくり」を掲げました。五〇〇点というのは、企業の中でも超優良企業の仲間入りを目指すものです。

この「率先実行取組」の中では、環境情報を積極的に公開・発信するとともに、県民（顧客）のニーズを把握

し、環境情報先進県とします、とした上で、具体的には、

**ア**　環境部ホームページを毎日更新し、平成一四年三月には月約六万ページビューを達成すること（一二年度実績月約一万ページビュー）

**イ**　部横断の情報発信チームを編成し、部内の情報の共有化・活用を図りながら、課室の枠に捉われない積極的な情報の発信を行うこと

**ウ**　職員のＩＴ技術のスキルアップを図るとともに、県民（顧客）のニーズに応じた網羅的な情報を提供するため、職員全員が少なくとも年一回以上、環境部ホームページへの書き込みを行うこと

**エ**　森林ＧＩＳのデモンストレーションなどもできるプレゼンテーションルームを整備し、職員のスキルの向上と県民にわかりやすい情報提供を行うこと。あわせて、県庁の訪問者が環境を楽しみながら学ぶことができるよう、ごみの分別ボックス、ナレッジコーナーなどを七月中に一体的に整備すること

**オ**　環境部ホームページ上の「意見箱」・「交流広場」で、顧客と双方向の対話を行い、県民（顧客）のニーズを把握し、施策への活用を図るシステムを九月末までに確立すること

を約束しました。

「率先実行取組」というのは三重県庁独自の仕組みなのですが、その年に各部局長が具体的な成果目標を数値を示して知事と約束をするとともに、各部局内では部局長と部内の課長が、課内では、課長とそれぞれのグループリーダーがその年の成果目標を数値化して約束するというもので、受け止め方によっては、ノルマというい方ができるかもしれません。

このように、私たちは、ホームページを作成するにあたって、このホームページを通じて、県民や企業のみなさんと双方向の「情報交流」を実現して、顧客のニーズを把握し、県民が満足する行政を実現するということを大きな目標として据えました。

## 4　若手の力を100%ひきだそう！

目標は高く揚げたものの、最初は日々まったく手探りの状況でした

このためまずは、プロジェクトチームを少人数で立ち上げるところから、具体的には、環境部内の各課から一～二名ずつ若手の職員を集めて部内横断的な少人数のチームを作ることから始めました。

トヨタ自動車の例を見ても、「WiLL」や「bB」の開発プロジェクトは若手の少人数のグループに権限を委ねて成功しているようですし、先ほどお話をしたとおり、三重県においても、産業廃棄物税を創設するにあたって、まず最初は県税事務所の若手の職員が勉強会を行い、そこでの研究成果が大きなきっかけになっています。私がトヨタ自動車本社にベンチマーキングにお伺いをしたとき、応対してくれた担当部長は、トヨタ自動車の組織力の秘訣として、「複眼思考」つまり、さまざまな価値観を組織が内包することを人変よいこととし、一度にみんなが同じひとつのことをするのではなく、様々なプロジェクトで自由に研究をすることを大切にする雰囲気があると話してくれました。

トヨタ自動車で一番感心したのは、社長以下幹部が、トップマネジメントを大切にしながらも、一方で、若手

からのアイデアなどについては、「自分たちがあれこれいうものではないだろう」として、こうした芽を育てる社風づくりに大変努力していることでした。

今回、私たちがプロジェクトを始めるにあたっても、環境部長から「すべて任せた」とのことで、全権委任を受けて作成にとりかかりました。

若い職員にとって、なかなかこれまで「すべて任された」、こういったことはありませんでしたから、「自己決定・自己責任」で仕事に取り組むという、よいきっかけになったのではないかと思います。

部内横断的なチームを組んだのは、それぞれの専門的知識を持ちつつ、縦割り的な発想にならないようにしようとしたためで、例えば、自然環境担当の職員が廃棄物行政について意見を言ったり、大気水質行政担当の職員が環境産業育成について意見を言ったりして、縦割り組織の「壁」と「壁」の間に話題が落ちるのを避けること（ひどい部署ではとなりの人が何をやっているのすらわからないといった事態があるのかもしれません）、職員の人材育生の観点から、「その日」三重県の環境行政が直面している課題を部内全体に目を配って認識することができるキーパーソンを養成するという趣旨もありました。

そうは言っても暗中模索の日々が続きました。それぞれ自分の持ち場には通常業務を持ちながら、二〇〇一年四月は一ヶ月間、毎日、半日はホームページの構成について議論を重ねる日々が続きました。また、東京の大手情報ＷＥＢサイト会社やマスコミ、コンサルティング会社にベンチマーキングのためお話をお伺いしたり、それぞれのメンバーが家に帰ってから妻や子どもに、わかりやすいホームページづくりへ向けての意見をもらってきたりしました。もちろんすべての都道府県の環境ホームページや米国環境保護庁のホームページを勉強するとともに、環境問題に熱心に取り組む企業の皆さんに何社も意見をお伺いしました。

いろいろな意見がありました。「アニメーションなど、見た目がきれいな方がいいのではないか？」「いやいや、写真や音声・動画を入れると画面が重たくなるのではないか？」「四秒で概要、八秒で全体を見ることができないと顧客は他のページに移ってしまうのではないか？」「見出しはどうか？」「ロゴはこれでよいか？」「アニメのキャラクターを誰が書くか？」「じっくりと見たい利用者と、通りがかりのお客さんを捕まえるのとでは、どういった画面構成がよいか？」などなど、「自己決定・自己責任」で、日々決断と新たな課題の創出の連続でした。

こうした中、やはり毎日更新して、新鮮な情報を提供することが「情報発信」の面からも『情報公開』の面からも一番大きなコンセプトになるであろうとしたうえで、利用者が参加しやすいような企画を入れたり、政策提案のコーナーを設けたりと、利用者との双方向のコミュニケーション・情報交流を図る場を大きくすることにしました。

七月にリニューアルをしてから、土日も、システムを管理している環境学習情報センターが小学生の環境学習の場として開放されていることから、ホームページを毎日更新して「今日のニュース」として掲載しています。

先ほどお話したメンバーは、現在では、「記者」として、毎朝八時半から一時間、すべての新聞はもちろん、タウン誌や駅で配布しているイベントニュースに至るまで、それぞれのアンテナから得た情報をもとに「編集会議」を行い情報の共有を図っています。あわせて、三重県には本庁の他にも四日市・桑名・鈴鹿・津・松阪・伊勢・尾鷲・熊野・伊賀に地域機関があり、その職員も同様に「情報発信・情報公開」を行っています。

## 5　人気サイトのコンテンツ大公開

①「今日のニュース」のコーナーでは、県の取組はもちろん、県民、企業などの環境にやさしい活動を毎日更新して情報発信しています。

②「トピックス」のコーナーでは、産業廃棄物税や地球温暖化防止の対策などのテーマを設けて、旬の話題を提供しています。

③「みんなの簡単エコ自慢」のコーナーでは、県内最大のエコイベントである環境フェア（二日間で来場者六万三千人）に出展していただいた団体（二四〇団体）の取組の紹介や、環境に熱心な企業トップへのインタビュー、学校、ＮＰＯの取組を紹介しています。

④「聞かせてみんなの掲示板」のコーナーでは、ホームページの利用者からの意見、いただいた提案・意見などへの回答も載せており、双方向の対話を実現することにより三重県の環境行政がよりよいものになることを目指しています。

⑤環境白書の全文、三重県の環境に関する条例・規則・行政評価・計画などもすべて載せており、審議会委員や環境部（地域機関を含めてすべて）の職員名簿、県民にとって一番身近な県の地域機関の地図もすべて掲載しています。

⑥「知事が語る環境」のコーナーでは、北川知事が出席した最近の講演会やシンポジウム、雑誌への寄稿な

どをほどんどすべて掲載しています。

⑦　職員がデザインした「みえこ」というアニメのキャラクターが光化学スモッグ情報に反応して泣いたり笑ったり（夏季の限る）、大気の監視データは一時間おきに三重県内各測定点からのデータをリアルタイムで更新しています。

先日、国土交通省の水質調査で、「日本一の清流」に輝いた「宮川」など三重の美しい自然環境を写真で紹介したり、職員が日替わりで日記を書いていく「ちょこっと日記」も、職員同士の話題になり職場の潤滑油になり、対外的にも、三重県の環境行政にたずさわっている職員を身近な存在に感じでいただけるのではないかと考えています。

トップページを飾る写真も公募で月に五～六点ほど掲載。「この人にインタビュー」のコーナーでは、宮城県、岩手県、静岡県、福井県の知事などから、三重県内六九市町村のうち、これまでに一三市町村長に自らの自治体の環境にやさしい取組を語ってもらったり、企業やＮＰＯのみなさんなど、七〇名以上に登場していただいています。他にも見所は豊富であり、自治体の環境ホームページというと、環境学習に特化したホームページが多い中で、環境情報全体を、網羅的に、見やすく、速く情報提供しているホームページなのではないかと自負しています。二〇〇二年初旬からはトップページを「企業・行政向け」、「家庭・地域・学校向け」と二画面設け、利用者が一層利用しやすいようにしたり、Englishバージョンも新設したいと考えています。また、ライブカメラを地域のみなさんと協働で設置して、県内の美しい自然や動物を公開したり、インタビューも動画・音声を加えて配信することも考えています。

## 6　マスコミ戦略のポイント

ホームページは作るだけで満足せず、実際に見ていただかなければなりません。何より、パフォーマンスに止まらず、県行政を地道にしっかりとやっていくことが大切です。利用するみなさんは冷静に見ています。「今日のニュース」で今までで一番アクセス数が多かったのは、「産業廃棄物税 県議会で成立」というニュースであり、旬の話題をタイミング良く提供することが求められています。

広報手段としては、夏休みに入る県内のすべての小学生に、夏休みの自由研究に使えるコーナーがあることをチラシを配って広報したり（チラシの裏にはエコクッキングのレシピを載せ、家に帰ってからチラシを捨てないで、長く見ていただけるよう工夫しました）、その他会議や講演に訪れる際にはもちろん、県庁を訪れる企業や団体の皆さん、社会見学で訪問する小学生にも逐一お知らせをしました。

新聞・テレビ・通信社などの現役の記者を講師として招いて、わかりやすい表現ぶりについて環境部の職員が勉強をする機会を設け、こうした機会を通じて記者のみなさんにも、ホームページの「存在」を認知していただき、マスメディアでも大きく取り扱っていただきました（記者のみなさんの中には、このホームページから「ネタ」を探している方もいます）。

ホームページのアドレスを、職員の名刺やＦＡＸ送信票に印字したり、電子メールの署名のところには、ひとりひとりがアドレスを入力しています。

県民のみなさん全戸に配布される月一度の県広報「県政だより」でも毎月ホームページの件について記者を掲載をしています。

## 7 環境goo大賞受賞！

自治体の仕事で大切なのは、外部からの評価をきちんとしていただき、それを次の施策に反映して、継続的に事務改善を行っていくことです。NPM（ニューパブリックマネジメント）のような民間の経営手法によって顧客満足を追求した政策推進システムを導入する自治体も増えているようですが、いち早く導入した三重県では、PDCAサイクル、つまりPLAN（企画）－DO（実行）－CHECK（確認）－ACTION（行動）のサイクルをまわしていく意味でも、この外部評価が一番大切だと思います。

外部評価というと、三重県では、平成七年から全国で初めて事務事業評価システムという政策評価システムをすでに導入し、予算編成にあたっては、成果目標を数値で示した書類を添付して予算要求を行い、翌年六月には達成度を含めてホームページで公表をして次年度の政策に反映するシステムを行っており、二〇〇二年からは、これに勤務評定なども絡めた政策推進システム進化させています（第1章6を参照）。

環境分野でいえば、環境マネジメントの国際規格である「ISO14001」の認証を二〇〇〇年二月には取得し、二〇〇一年三月にはすべての地域機関で取得しました。これのよいところは、職員全体の環境問題への意識が高まること（二〇〇〇個あった県庁内のゴミ箱をゼロにしました）や電力消費量の削減、グリーン購入などによる経費節減（平成一〇年と比較して平成一三年は一五億円削減）を行うことができるほか、認証取得を継続するために、外部から絶対値の達成度について評価受けることで、継続的な事務改善を行うことができることです。

今回のホームページ「三重の環境」の取組について言えば、一度外部からの評価をしていただき、さらに意見を踏まえてバージョンアップをしようという思いから、「ＮＴＴ－Ｘ」というＮＴＴの関連会社が運営する国内最大の環境情報ポータルサイト「環境ｇｏｏ」が主催する「環境ｇｏｏ大賞」に応募をしてみようという話になりました。

二〇〇一年の「環境ｇｏｏ大賞」には、企業やＮＰＯなど一三六件の応募があり、このうち四四件が環境ｇｏｏ会員（八万人）による投票を経て、最終審査へと進みました。

多くの方の投票をいただくなどした結果、私たちのホームページ「三重の環境」は、二〇〇一年一二月には、自治体部門の最高の賞である「大賞」を受賞することができました。

その理由として、審査員のひとりであるＮＧＯ代表の飯島ツトム氏は、「コミュニケーションを積極的にとろうという姿勢が充分に感じ取れる。県民の参加がしやすくなる工夫があり、クリックがしやすい。『速報！　環境データ』は全員参加の環境活動の具体的なきっかけとなる。暮らしや環境が良くなっていくという期待が持てる。」と評しています。

私たちとしては、受賞の感激もさることながら、次の段階へステップアップすることが大切でしたので、発表翌日に「エコプロダクツ二〇〇一」（東京有明の東京ビッグサイトで開催）の会場で行われた「環境ｇｏｏ大賞受賞ホームページ座談会」にも参加して、企業やＮＰＯなど自治体以外の分野でのホームページのトレンドについて勉強しました。

「事務改善」を「継続的に行っていく」ためには、自治体は人事異動が三年なり五年で行われますから、政策推進システムにしても、ＩＳＯ１４００１にしても、行政経営品質にしても「システム」として導入していく必要があると思います。

○○畑という形で、口頭伝授していくこともよいのでしょうけれども、いつまでも、「昔の名前で出ています」といったような職員が重宝されているようでは若い職員が育ちませんし、組織としての「進化」が期待できないと思います。

## 8　情報は足で稼ごう！

従来、環境行政は、「規制行政」であり、企業の側から見ると、ともすれば「やっかいな存在」で、企業としても、補助金を持つ商工担当部門との接し方とはかなりスタンスを異にしてきたようです。

県の環境担当部門の職員が企業を訪問するときと言えば、身分証明証を携帯して、立ち入り検査を行うという色彩が濃く、何か相談にのりましょうか、と言っても、企業は身構えて対応してきたというのが実状のようです。

一方、三重県の場合、環境政策の基本理念として、「環境経営の推進」を掲げており、市場経済の中で持続可能な発展をしていくため、エコプロダクツ・エコサービスを積極的に推奨し、その需要を喚起し、産業として成り立たせ、ひいては雇用の創出を促す必要があると考えており、県内の環境に熱心な企業の取組については、積極的に応援をしていくというスタンスに立っています。

私は、ホームページ「三重の環境」の中で、県内の環境に熱心な活動を行う企業の社長へのインタビューを掲載することをきっかけにして数多くのトップに接する機会を得ました。

いろいろな企業を訪問して感じたのは、やはり、企業の取組は、行政が考えているよりも進んでいる事例が多く、また、こうした企業が行政に対して望んでいることは、補助金を欲しいという話よりも、むしろ、「自分達の取組をぜひ情報発信して欲しい」であるとか、顕彰などで「ほめて欲しい」という声が多いということでした（先に述べた「環境経営大賞」のアイデアもこうしたきっかけから生まれました）。

通常、行政が特定の企業を取り上げるのはタブーとされてきましたが、三重県の場合には、むしろ、企業の宣伝というよりも、その環境の取組を応援するのだというスタンスで臨んでいます。

このホームページのインタビューは、県の施策を説明し、企業や学者の意見を聞く機会として大変重要なもので、東大・京大をはじめ、全国の一線級の学者の方々とのネットワークを築くことができました。

インタビューは必ず複数の職員で行うようにしており、有識者との生の意見交換の場は人材養成の観点からも大変貴重なものと考えています。

全国最大級の水族館である鳥羽水族館の中村館長には、自身二七歳で設立した水族館への思いを、七三歳になる今なお熱く語る姿に出会い、ベンチャーの先駆けとなる起業家のハングリー精神に大変感激しました。こうした意見交換の状況・情報は個人の財産として止めるのではなくすべて職員で共有化するようにし、ホームページでも公開するようにしています。

私が政策立案のお話をする上で、このホームページのお話をとりあげたのは、みなさんの自治体でも、こうした形でもあるいは別の形でも構いませんので、現場の声をきちんと行政に反映したり、自治体の「やっていること」をきちんと県民や企業の方に伝える努力を、汗をかいてすることが大切だと思ったからです。

また、三重県では「出前トーク」といい、県の幹部職員が中心になって、県民や企業などの集会に出向き、自分の仕事を説明し、また意見を直接聴く機会があります。

これは、広報よりもむしろ広聴に重点を置いたものです。以前は市町村からの推薦での「モニター制」があったのですが、きちんと現場へ行政が足を運ぶことが大切として始めたものです。

私は、ひと月の間に幸いにも約二五〇人程度の前で自分の仕事についてお話をする機会がありました。

これまで、自治体では、いわゆる幹部候補生を、総務部などに配属して組織が保護しながら、中の職員を相手にする仕事だけを行いつつ、大切に大切に人材養成をしてきたような気がします。

しかし、時代の流れがとても早いこの時代にあって、企業や住民の方が何を考えているかも知らずに、本やテレビを見て政策を立案しているようでは、現場に一番近い立場にいる自治体の職員としては、恥ずかしいことではないでしょうか。過去の行政経験や自分が最近新聞で読んだから、といっただけでアイデアをポンと部下にぶつけたりしているようではよくないと思います。

三重県では、平成七年の北川知事就任以来、「生活者起点」の県政推進に取り組んでいます。これまでの県行政は、ややもすると行政サービスを提供する行政側の都合で考えがちでしたが、これからは、行政サービスの受け手の立場に立って行政を進めることが大切です。このため、精神的な充実も含めた、真に豊かな生活を求めて努力する一人ひとりの住民を「生活者」として捉え、支援していく「生活者起点の県政」を展開しています、目指すべきは、①住民の自主性と尊重する行政、②地域の主体性を重視する行政、③より良いサービスを提供する行政です。

私は、こうした直接の車座の話し合いをみなさんにお奨めしたいと思います。やはり自治体の内部の内輪意識の中でよいとされたとしても、一歩自治体の組織を出ると様々な角度からのご意見をいただくことができます。また、三分に一度くらい目を引く話を入れないと、よほど興味のある人でない限り寝てしまいます。大変よい経験をしています。

三重県では「イベントマスター養成講座」といって、県が関連するイベントの司会進行を県職員が自前で行うことができるよう、ＮＨＫのアナウンサーを講師として紹いて職員のプレゼンテーション能力の向上を図っており、人前で自分の意見をきちんと限られた時間の中で伝えることができることが訓練の場があります（現在イベントマスターとして約五〇名が登録済み）。

ちなみに私が「出前トーク」で経験した中で、みなさんにご参考になるような「お役所用語」を例示すると次のようなものがあります。もし、みなさんが、住民のみなさんへの呼びかけの文書を作る中で使っていたら要注意です。

「事業」、「係る」、「～において」、見出しの文末の「～について」、「下記のとおり」、「図る」、「資する」、「展開する」などなど。三重県では禁句集を作っています。

みなさんも、一度、ふだん何気なく作った書類を、奥さんや旦那さん、場合によってはお子さんに見ていただくようにしてはどうでしょうか。例えば、呼びかけるときに「県民」でいいか、「皆さん」でいいか、やはり「みなさん」だろう、とか、「事業」なんて言葉は耳で聞くと「授業」と間違うし、誰もピンとこない。「仕事」といった表現が一番スッと頭に入るだろう、ということに気づくと思います。

私は、三重県庁に社会見学に来る小学生（だいたいが三年生か四年生）のみなさんへ、県の環境の仕事とはどういったものか説明をする仕事もしています。

三重県庁八階に、産学官の情報交流スペースとして「三重の環境　創造の森」という部屋が二〇〇一年一〇月にオープンし、全国一の生産量を誇る三重県産のヒノキの外枠と透明なガラス張りという外観も手伝って大変好評なのですが、この部屋にある五二インチのタッチパネル式の大型ビジョンでパワーポイントのソフトを利用して説明するのです。

ふだん使っている事務用紙がトイレットペーパーに生まれ変わったり、ジュースやお茶を飲んでいるペットボトルが職員の作業服に生まれ変わるというお話をすると、子どもたちは目を輝かせて聴き入っています。

こうした子どもたちが、大きくなってから、「小さいときに県庁に行ったときに、とても楽しかったな」という思い出を持っていただくことが大切と思っており、こうした小さなうちから、県庁が好きになって欲しいし、あこがれの職業になってくれたらうれしいなあ、と思って、子どもたちが少しでもわかってくれるように、プレゼンテーションにあたっては言葉づかいやパフォーマンスにも工夫しています。私が相手にしただけでも、社会見学に訪れた小学生、総合学習の授業で訪れた中学生、婦人会や発展途上国の政府職員など三〇〇人には達したのではないでしょうか。

わかりやすく、少しでもわかりやすく表現をする能力は、公務員試験では問われていません。しかし、モノを売る企業では当たり前のこと。スポーツ紙や雑誌、スーパーの広告などを見比べて、わかりやすい表現を工夫するセンスを養うことが、「協働・連携」を志向する自治体にはとても大切であると考えます。

わかったような顔をして「住民参画」と口先でいつまで言っていてもダメ。上司の思いつきやカンだけで施策を選択してはダメ。今からでも遅くはありませんから、住民や企業に自分から飛び込み、自分で汗をかいて、ニーズに裏打ちされた「魂のこもった行政」を実践しましょう。

私もこんな小さなことからですが率先して取り組んでいます。

る申出に係る課税期間の初日から起算して２年前の日が属する課税期間」とあるのは、「第７条第１項第１号に規定する申出に係る課税期間の初日から起算して２年前の日が属する課税期間又は当該申出の日前１年間のいずれかの期間」とする。

## ●別　表

**（第７条関係）**

Ａ＝Ｂ÷（Ｂ＋Ｃ）

この算式において、Ａ、Ｂ及びＣはそれぞれ次の数値を表すものとする。

| | |
|---|---|
| Ａ | 再生率 |
| Ｂ | 当該中間処理施設に搬入された産業廃棄物が当該中間処理施設で処分された後の有用な物（原材料、部品その他製品の全部若しくは一部として利用することができる物又はその可能性がある物をいう。）のうち、実績期間内において、当該中間処理施設の設置者が他人に売り渡し、又は自ら利用したものの重量 |
| Ｃ | 実績期間内に当該中間処理施設から排出された産業廃棄物の重量 |

備　考

この表において「実績期間」とは、第７条第１項第１号に規定する申出に係る課税期間の初日から起算して２年前の日が属する課税期間（当該課税期間の初日において中間処理施設の使用が開始されていない場合にあっては、当該申出の日前１年間）をいう。

## ●様式（詳細は省略）

第１号様式（課税標準特例申出書）
第１号様式別表（特例申出明細書）
第２号様式（再生施設申出書）
第２号様式別表（再生品の売渡し明細書）
第３号様式（申告・修正申告書）
第３号様式別表１（重量明細）
第３号様式別表２（容量明細）
第４号様式（更正決定通知）

| | |
|---|---|
| 4 | 廃棄物処理法第12条の３第１項の規定により産業廃棄物管理票を交付する場合にあっては、当該産業廃棄物管理票に記載する交付番号及び産業廃棄物の数量 |
| 5 | 建設工事にあっては、当該建設工事の名称及び場所 |
| 6 | 第３号の中間処理施設が、前条第１項に規定する再生施設に該当する場合にあっては、その旨 |

**（申告書等の様式）**

**●第９条**

次の各号に掲げる申告書等は、当該各号に掲げる様式によるものとする。

| | |
|---|---|
| 1 | 条例第12条に規定する申告書及び条例第13条第２項に規定する修正申告書　第３号様式 |
| 2 | 条例第14条第１項に規定する通知書　第４号様式 |

2　前項に定めるもののほか、知事は、産業廃棄物税の賦課徴収に係る文書の様式について、三重県県税条例施行規則（昭和34年三重県規則第48号。以下「県税条例施行規則」という。）に定める様式に必要な調整を加えた様式によることができる。

**（賦課徴収等）**

**●第10条**

産業廃棄物税の賦課徴収については、この規則に定めるもののほか、県税条例施行規則の定めるところによる。この場合において、県税条例施行規則第４条第１項中「第８条第６項」とあるのは「第８条第７項」と、県税条例施行規則第６条第１項中「条例の」とあるのは「条例又は三重県産業廃棄物税条例（平成13年三重県条例第51号）の」とする。

**●附　則**

1　この規則は、平成14年４月１日から施行する。ただし、第７条の規定は、公布の日から施行する。

2　第７条の規定の施行の日から平成15年３月31日までの間における同条第１項第１号に規定する申出については、別表中「第７条第１項第１号に規定す

| | |
|---|---|
| 11　廃棄物の処理及び清掃に関する法律施行令（昭和46年政令第300号。以下「廃棄物処理法施行令」という。）第２条第４号の２に掲げる産業廃棄物 | 1.00 |
| 12　ゴムくず | 0.52 |
| 13　金属くず | 1.13 |
| 14　ガラスくず及び陶磁器くず | 1.00 |
| 15　鉱さい | 1.93 |
| 16　工作物の新築、改築又は除去に伴って生じたコンクリートの破片その他これに類する不要物 | 1.48 |
| 17　動物のふん尿 | 1.00 |
| 18　動物の死体 | 1.00 |
| 19　廃棄物処理法施行令第２条第12号に掲げる産業廃棄物 | 1.26 |
| 20　廃棄物処理法施行令第２条第13号に掲げる産業廃棄物 | 1.00 |
| 備考<br>１　この表の第１号の項から第６号の項までに掲げる産業廃棄物の種類は、廃棄物の処理及び清掃に関する法律（昭和45年法律第137号。以下「廃棄物処理法」という。）第２条第４項第１号に掲げる産業廃棄物を、同表の第７号の項から第10号の項まで及び第12号の項から第18号の項までに掲げる産業廃棄物の種類は、廃棄物処理法施行令第２条第１号から第４号まで及び第５号から第11号までの各号にそれぞれ掲げる産業廃棄物とする。<br>２　この表の換算係数は、１立方メートル当たりのトン数とする。 | |

２　前項第１号に規定する申出は、課税期間ごとに再生施設申出書（第２号様式）により行うものとする。

（帳簿記載義務）

●第８条

産業廃棄物税の納税義務者は、産業廃棄物の搬入に係る事業所ごとに、次に掲げる事項を産業廃棄物の搬入の都度帳簿に記載しなければならない。

| | |
|---|---|
| 1 | 産業廃棄物の搬入年月日、種類及び重量（第４条に規定する要件に該当する場合にあっては、容量）並びに処分の方法 |
| 2 | 課税標準となるべき重量 |
| 3 | 産業廃棄物の搬入に係る中間処理施設又は最終処分場の名称及び所在地 |

### （課税標準の特例の申出）
●**第６条**

条例第８条第１項に規定する申出は、課税標準特例申出書（第１号様式）により行うものとする。

2　知事は、前項の課税標準特例申出の審査をするに当たって必要があるときは、申出を行った者に、必要な報告若しくは資料の提出又は調査への協力を求めることができる。

### （再生施設）
●**第７条**

条例第８条第２項の規則で定める再生施設は、次の各号に掲げる中間処理施設とする。

| | |
|---|---|
| 1 | 産業廃棄物の種類及び処分の方法ごとに、別表に掲げる算式により算定して得た数値（以下「再生率」という。）が0．9以上の中間処理施設（その使用が開始された日から３月を経過したものに限る。）であることを、当該中間処理施設の設置者の申出に基づき知事が認定したもの |
| 2 | 廃棄物処理法施行令第２条第９号に掲げる産業廃棄物を破砕する中間処理施設 |

| 産業廃棄物の種類 | 換算係数 |
|---|---|
| 1　燃え殻 | 1.14 |
| 2　汚泥 | 1.10 |
| 3　廃油 | 0.90 |
| 4　廃酸 | 1.25 |
| 5　廃アルカリ | 1.13 |
| 6　廃プラスチック類 | 0.35 |
| 7　紙くず | 0.30 |
| 8　木くず | 0.55 |
| 9　繊維くず | 0.12 |
| 10　食料品製造業、医薬品製造業又は香料製造業において原料として使用した動物　又は植物に係る固形状の不要物 | 1.00 |

施行の日前においても行うことができる。

3　知事は、この条例の施行後５年を目途として、この条例の施行状況、社会経済情勢の推移等を勘案し、必要があると認めるときは、この条例の規定について検討を加え、その結果に基づいて必要な措置を講ずるものとする。

## 三重県産業廃棄物税条例施行規則

（平成13年11月9日三重県規則第87号）

（趣　旨）

●第１条

この規則は、三重県産業廃棄物税条例（平成13年三重県条例第51号。以下「条例」という。）の施行に関し必要な事項を定めるものとする。

（用　語）

●第２条

この規則における用語の意義は、条例で使用する用語の例による。

（事業所）

●第３条

条例第４条の事業所は、産業廃棄物の排出が行われる工場、事業場、営業所その他これらに準ずる場所（建設工事にあっては、当該建設工事を管理する営業所）とする。

（条例第７条第２項に規定する要件）

●第４条

条例第７条第２項に規定する規則で定める要件は、産業廃棄物の容量の計測が可能であることとする。

（換算して得た重量）

●第５条

条例第７条第２項に規定する規則で定めるところにより換算して得た重量は、次の表の上欄に掲げる産業廃棄物の種類（種類ごとの容量を計測できない産業廃棄物にあっては、その主たる産業廃棄物の種類）に応じ、それぞれ同表の下欄に掲げる換算係数を産業廃棄物の容量に乗じて得た重量とする。

（県税条例の特例）
●第17条
産業廃棄物税の賦課徴収については、三重県県税条例第３条第２号中「入猟税」とあるのは「入猟税・産業廃棄物税」と、同条例第６条の２第２項中「県たばこ税」とあるのは「県たばこ税及び産業廃棄物税」と、同条例第７条の２第１項中「この条例」とあるのは「この条例及び三重県産業廃棄物税条例（平成13年三重県条例第51号）」と、同条例第８条中
「６　知事は、第２項から前項までの課税地を不適当と認める場合又はこれにより難いと認める場合においては、同項の規定にかかわらず、別に課税地を指定することができる。」
とあるのは
「６　第２項の規定にかかわらず、産業廃棄物税の課税地は、三重県産業廃棄物税条例第４条に規定する産業廃棄物の搬入に係る中間処理施設又は最終処分場の所在地とする。
７　知事は、第２項から前項までの課税地を不適当と認める場合又はこれにより難いと認める場合においては、第２項から前項までの規定にかかわらず、別に課税地を指定することができる。」
と、同条例第９条及び第11条第１項中「この条例」とあるのは「この条例及び三重県産業廃棄物税条例」とする。

（委　任）
●第18条
この条例に定めるもののほか、この条例の施行に関し必要な事項は、規則で定める。

（産業廃棄物税の使途）
●第19条
知事は、県に納付された産業廃棄物税額から産業廃棄物税の賦課徴収に要する費用を控除して得た額を、産業廃棄物の発生抑制、再生、減量その他適正な処理に係る施策に要する費用に充てなければならない。

●附　則
１　この条例は、法第731条第２項の規定による総務大臣の同意を得た日から起算して１年を超えない範囲内において規則で定める日から施行し、同日以後に行う産業廃棄物の搬入に係る産業廃棄物税について適用する。
２　この条例を施行するために必要な規則の制定その他の行為は、この条例の

くは法第733条の19第４項の規定による重加算金額を決定した場合においては、規則で定める通知書により、これを納税義務者に通知する。

2　前項の通知を受けた者は、当該不足税額又は過少申告加算金額、不申告加算金額若しくは重加算金額を当該通知書に指定する納期限までに納付しなければならない。

### （帳簿の記載義務等）

**●第15条**

産業廃棄物税の納税義務者は、帳簿を備え、規則で定めるところにより、産業廃棄物の搬入に関する事実をこれに記載し、第12条に規定する申告書の提出期限の翌日から起算して５年を経過する日まで保存しなければならない。

### （徴税吏員の質問検査権）

**●第16条**

徴税吏員は、産業廃棄物税の賦課徴収に関する調査のために必要がある場合においては、次に掲げる者に質問し、又は第１号及び第２号の者の事業に関する帳簿書類その他の物件を検査することができる。

| | |
|---|---|
| 1 | 納税義務者又は納税義務があると認められる者 |
| 2 | 前号に掲げる者に金銭又は物品を給付する義務があると認められる者 |
| 3 | 前２号に掲げる者以外の者で産業廃棄物税の賦課徴収に関し直接関係があると認められる者 |

2　前項第１号に掲げる者を分割法人（分割によりその有する資産及び負債の移転を行った法人をいう。以下同じ。）とする分割に係る分割承継法人（分割により分割法人から資産及び負債の移転を受けた法人をいう。以下同じ。）及び同号に掲げる者を分割承継法人とする分割に係る分割法人は、同項第２号に規定する金銭又は物品を給付する義務があると認められる者に含まれるものとする。

3　第１項の場合においては、当該徴税吏員は、その身分を証明する証票を携帯し、関係人の請求があったときは、これを提示しなければならない。

4　産業廃棄物税に係る滞納処分に関する調査については、第１項の規定にかかわらず、法第733条の24第６項の定めるところによる。

（免税点）
●第10条
　4月1日から翌年3月31日までの間（以下「課税期間」という。）における中間処理施設又は最終処分場への搬入に係る産業廃棄物税の課税標準となるべき重量の合計（以下「課税標準量」という。）が1,000トンに満たない場合においては、産業廃棄物税を課さない。

（徴収の方法）
●第11条
　産業廃棄物税の徴収については、申告納付の方法による。

（申告納付の手続）
●第12条
　産業廃棄物税の納税義務者は、課税期間の末日から起算して4月を経過する日の属する月の末日までに（課税期間の中途において事業所を廃止した場合にあっては、当該事業所の廃止の日から1月以内に）、当該課税期間における産業廃棄物税の課税標準量及び税額、再生施設へ搬入した産業廃棄物の重量その他必要な事項を記載した申告書を知事に提出するとともに、その申告書により納付すべき税額を納付しなければならない。

（期限後申告等）
●第13条
　前条の規定により申告書を提出すべき者は、当該申告書の提出期限後においても、法第733条の16第4項の規定による決定の通知を受けるまでは、前条の規定により申告書を提出するとともに、その申告書により納付すべき税額を納付することができる。
2　前条又は前項の規定により申告書を提出した者は、当該申告書を提出した後においてその申告に係る課税標準量又は税額を修正しなければならない場合においては、規則で定めるところにより、遅滞なく、修正申告書を提出するとともに、その修正により増加した税額があるときは、これを納付しなければならない。

（更正又は決定の通知等）
●第14条
　法第733条の16第4項の規定による更正若しくは決定をした場合又は法第733条の18第5項の規定による過少申告加算金額若しくは不申告加算金額若し

| | |
|---|---|
| | 次の表の上欄に掲げる施設の区分に応じ、それぞれ同表の下欄に掲げる処理係数を乗じて得た重量 |

| 施設の区分 | 処理係数 |
|---|---|
| 1　焼却施設又は脱水施設 | 0.10 |
| 2　乾燥施設又は中和施設 | 0.30 |
| 3　油水分離施設 | 0.20 |
| 4　前３項に掲げる施設以外の中間処理施設 | 1.00 |
| 備考<br>この表において「焼却施設」、「脱水施設」、「乾燥施設」、「中和施設」及び「油水分離施設」とは、廃棄物処理法第14条第４項、第14条の２第１項、第14条の４第４項又は第14条の５第１項の規定による知事の許可を受けた事業の範囲に応じて、当該事業の用に供された施設をいう。 | |

2　前項に規定する搬入に係る産業廃棄物について、当該産業廃棄物の重量の計測が困難な場合において規則で定める要件に該当するときは、規則で定めるところにより換算して得た重量を当該産業廃棄物の重量とする。

（課税標準の特例）

**●第８条**

中間処理施設において処分された後の産業廃棄物の重量が前条第１項第２号の規定により算出した重量に満たない場合における課税標準は、排出事業者の申出に基づき知事が適当であると認めたときに限り、当該産業廃棄物の重量とする。

2　産業廃棄物を中間処理施設のうち規則で定める再生施設（以下「再生施設」という。）へ搬入する場合においては、当該搬入に係る産業廃棄物の重量を課税標準に含めないものとする。

（税　率）

**●第９条**

産業廃棄物税の税率は、１トンにつき1,000円とする。

| | |
|---|---|
| 1 | 産業廃棄物を排出する事業者（以下「排出事業者」という。）が当該産業廃棄物を自ら有する中間処理施設において処分するための搬入 |
| 2 | 排出事業者がその処分を他人に委託した産業廃棄物のうち中間処理施設で処分された後のもの（前号に規定する搬入に係る産業廃棄物が処分された後のものを除く。）の搬入 |

（納税管理人）

**●第5条**

産業廃棄物税の納税義務者は、県内に住所、居所、事務所又は事業所（以下「住所等」という。）を有しない場合においては、納付に関する一切の事項を処理させるため、県内に住所等を有する者のうちから納税管理人を定め、これを定める必要が生じた日から10日以内に知事に申告し、又は県外に住所等を有する者のうち当該事項の処理につき便宜を有するものを納税管理人として定めることについてこれを定める必要が生じた日から10日以内に知事に申請してその承認を受けなければならない。納税管理人を変更し、又は変更しようとする場合においても、同様とする。

2　前項の規定にかかわらず、当該納税義務者は、当該納税義務者に係る産業廃棄物税の徴収の確保に支障がないことについて知事に申請してその認定を受けたときは、納税管理人を定めることを要しない。

（納税管理人に係る不申告に関する過料）

**●第6条**

前条第2項の認定を受けていない産業廃棄物税の納税義務者で同条第1項の承認を受けていないものが同項の規定によって申告すべき納税管理人について正当な事由がなくて申告をしなかった場合においては、その者に対し、3万円以下の過料を科する。

（課税標準）

**●第7条**

産業廃棄物税の課税標準は、次に掲げる重量とする。

| | |
|---|---|
| 1 | 最終処分場への産業廃棄物の搬入にあっては当該産業廃棄物の重量 |
| 2 | 中間処理施設への産業廃棄物の搬入にあっては当該産業廃棄物の重量に、 |

# 三重県産業廃棄物税条例

（平成13年11月9日三重県条例第51号）

（課税の根拠）

●第１条

県は、地方税法（昭和25年法律第226号。以下「法」という。）第４条第６項の規定に基づき、産業廃棄物の発生抑制、再生、減量その他適正な処理に係る施策に要する費用に充てるため、産業廃棄物税を課する。

（定　義）

●第２条

この条例において、次の各号に掲げる用語の意義は、それぞれ当該各号に定めるところによる。

| | |
|---|---|
| 1 | 産業廃棄物　廃棄物の処理及び清掃に関する法律（昭和45年法律第137号。以下「廃棄物処理法」という。）第２条第４項に規定する産業廃棄物をいう。 |
| 2 | 最終処分場　廃棄物処理法第15条第１項の規定による三重県知事（以下「知事」という。）の許可を受けて設置された産業廃棄物の最終処分場をいう。 |
| 3 | 中間処理施設　廃棄物処理法第14条第４項、第14条の２第１項、第14条の４第４項又は第14条の５第１項の規定による知事の許可を受けた者が当該許可に係る事業の用に供する施設のうち、最終処分場を除いた施設をいう。 |

（賦課徴収）

●第３条

産業廃棄物税の賦課徴収については、この条例に定めるもののほか、法令及び三重県県税条例（昭和25年三重県条例第37号）の定めるところによる。

（納税義務者等）

●第４条

産業廃棄物税は、事業所ごとに、産業廃棄物の中間処理施設又は最終処分場への搬入に対し、当該産業廃棄物を排出する事業者に課する。ただし、次に掲げる搬入については、この限りでない。

## 政策法学ライブラリイ　刊行にあたって　2001年6月

世の中は構造改革の時代である。われわれは既存の発想を変え、制度を変えて、未知の課題に新しく挑戦しなければ沈没してしまう時代になった。法律の世界では、法制度を塗り替える政策法学の時代が来たのである。

わたくしは、かねて解釈学だけではなく、こうした政策法学を提唱して、種々提言を試みてきた。日本列島「法」改造論のつもりである。往々にして、変人とか言われても、「変革の人」のつもりであったし、「時期尚早」と言われても、死後ではなく、生きているうちに理解して貰えるという信念で頑張ってきたが、ようやく認知される時代がきたと感じているところである。

このたび、信山社では、これをさらに推進すべく、「政策法学ライブラリイ」を発刊することになった。商業出版の世界ではたしてどこまで成功するかという不安はつきないが、時代の先端を行くものとして、是非ともその成功を祈りたい。このライブラリイを舞台に、多くの法律学研究者がその仕事の比重を解釈論から政策論に移行させ、実務家も、同様に立法論的な解決策を理論的な基盤のもとに提唱し、実現することが期待される。

政策法学ライブラリイ編集顧問
神戸大学大学院法学研究科教授　**阿部泰隆**

「このような世の中になればいい」と、人は、考えることがある。そうした想いが、集まり、議論され、ひとつの政策が形成される。それを実現するための社会の重要な手段が、法律である。

法律は、真空状態のなかで生成するものではない。社会の動きに反応し、既存法を否定・補完・改革し、新たな発想を包み込み、試行錯誤を繰り返しながら、生まれ、そして、育っていくのである。

地方分権や規制改革の流れは、社会の変革を、思いのほか速くに進めることだろう。それを十分に受け止めて対応する法学がなければ、新世紀の法治主義社会の実現はありえない。実定法の後を追うだけの視野の狭い法学では、荷が重い。今こそ、合理的な政策とそれを実現するための制度を正面から研究対象とする法学が、求められている。

「政策法学ライブラリイ」は、新たな志向を持つ研究者・実務家に門戸を開く。確立した学問的成果があるわけではない。方法論も定まっていない。このライブラリイから発信された議論が、学界や実務界での健全な批判のもとに成長をし、微力であるかもしれないが、社会の発展のためのひとつの確実な力となることを期待したい。

政策法学ライブラリイ編集顧問
上智大学法学部教授　**北村喜宣**

政策法学ライブラリイ　3
ゼロから始める政策立案
初版第1刷発行　2002年3月30日
著　者　細田大造
発行者　袖　山　貴＝村岡侖衛
発行所　〒113-0033　東京都文京区本郷6-2-9-102
TEL03-3818-1019　FAX03-3818-0344
印刷・製本　勝美印刷　
ISBN 4-7972-5282-0-C3332　　装幀　アトリエ 風